LES

LOGICIENS ANGLAIS

CONTEMPORAINS

DU MÊME AUTEUR

DES DÉFINITIONS GÉOMÉTRIQUES ET DES DÉFINITIONS EM-PIRIQUES, 1 vol. in-8, Paris, Ladrange, 1874.

POUR PARAITRE PROCHAINEMENT :

LA SCIENCE, LA CRITIQUE ET LA MÉTAPHYSIQUE, ouvrage couronné par l'Académie des Sciences morales et politiques.

Coulommiers. — Typographie A. PONSOT et P. BRODARD.

LES
LOGICIENS ANGLAIS
CONTEMPORAINS

PAR

LOUIS LIARD

Professeur de philosophie à la Faculté des lettres de Bordeaux.

PARIS
LIBRAIRIE GERMER BAILLIÈRE ET Cie
108, BOULEVARD SAINT-GERMAIN, 108

1878

A

M. STANLEY JEVONS

AVANT-PROPOS

Ceci est un livre de pure exposition. On veut simplement faciliter à ceux qui, en France, ont souci des études logiques, la connaissance des systèmes, vrais ou faux, parus en Angleterre au XIXᵉ siècle. Ces systèmes font date dans l'histoire de la science; il faut désormais compter avec eux, et il n'est plus permis de les ignorer. Les renseignements qu'on en avait dans notre littérature philosophique étaient très-incomplets et souvent erronés. Il a paru bon de les compléter et de les rectifier.

Ce travail est dédié à M. Stanley Jevons, qui en a inspiré la première idée par ses ouvrages, et facilité l'exécution par de précieux secours.

Bordeaux, 23 janvier 1878.

LES
LOGICIENS ANGLAIS
CONTEMPORAINS

CHAPITRE PREMIER

LA LOGIQUE INDUCTIVE EN ANGLETERRE.

I. La logique inductive et la logique formelle. — II. La logique inductive : Herschel. — III. Whewell. — IV. Stuart Mill.

I. Les logiciens anglais contemporains se distribuent en deux écoles principales : l'école de la logique matérielle ou inductive, et l'école de la logique formelle. Pour les uns, la logique est uniquement la théorie de l'induction et de la preuve expérimentale ; pour les autres, elle est, comme l'a voulu Kant, la science des lois de la pensée en tant que pensée. Mais, malgré cet antagonisme fondamental, tous s'accordent à condamner la logique d'Aristote et prétendent y substituer un système nouveau et plus vrai. Seulement, tandis que les uns, ramenant toute inférence à l'inférence inductive, ne voient dans le syllogisme qu'une induction déguisée et nient ainsi la légitimité de la logique formelle, les autres, admettant la validité de la déduction, se proposent de remplacer les méthodes fragmentaires et particulières de l'analytique ancienne par une méthode complète et générale de déduction.

L'école inductive est connue en France, au moins dans ses représentants les plus illustres et les plus récents[1] ; aussi suffira-t-il d'en donner une rapide esquisse, où les théories de préparation et de transition seront marquées de traits un peu plus forts.

II. Tous les théoriciens de la logique expérimentale relèvent de Bacon, non pas que Bacon ait indiqué des procédés de méthode précis, complets et infaillibles ; mais, en faisant fortement sentir aux esprits de son temps l'importance et la dignité de l'étude positive des faits, en insistant sur cette vérité que la connaissance des lois sort uniquement de l'investigation patiente et méthodique de la nature, en distinguant ce genre d'induction auquel son nom est resté attaché du genre imparfait seul connu des anciens, il a été le premier maître de cette logique nouvelle, qui, aux mains de Herschel, de Whewell et de Stuart Mill, devait recevoir, dans son pays et dans notre siècle, des accroissements si considérables.

Herschel est un savant[2]. Venu à une époque où les sciences de la nature étaient déjà riches en grandes

---

1. V. J. Stuart Mill, *Système de logique inductive et déductive,* trad. par Louis Peisse, Paris, 1866, 2 vol. in-8°. — Alexandre Bain, *Logique déductive et inductive,* trad. par Gabriel Compayré, Paris, 1875, 2 vol. in-8. — H. Taine, *le Positivisme anglais,* Paris, 1864, 1 vol. in-18. — J. Lachelier, *du Fondement de l'induction,* Paris, 1869, 1 vol. in-8°. — Th. Ribot, *la Psychologie anglaise contemporaine,* 2e éd., Paris, 1876, 1 vol. in-8°.
2. V. *A preliminary Discourse on the Study of natural Philosophy,* new ed., London, 1851. — Traduit en français par B***, Paris, 1834, 1 vol. in-18.

découvertes, et lui-même éminent inventeur, il a formulé, dans son *Discours sur l'étude de la philosophie naturelle*, les règles de méthode que ses devanciers et lui-même avaient appliquées d'instinct. La conception générale qu'il se fait de la science est voisine de celle de Bacon, avec un degré supérieur de précision qui ne pouvait être atteint avant les découvertes de Newton et de ses successeurs. La connaissance que nous pouvons avoir de la nature nous vient de la seule expérience; mais celle-ci ne nous découvre pas les causes intimes et profondes que la nature met en œuvre pour produire les phénomènes. Nous ne connaissons que les faits et les relations variées qui les unissent. Toutefois nous appelons causes les circonstances qui précèdent ou accompagnent d'une façon constante et invariable la venue des phénomènes. Le premier stade de la découverte doit donc être l'observation des faits. De là l'esprit, faisant rentrer les rapports découverts dans des rapports de plus en plus vastes, passe à des théories de plus en plus générales. Mais l'important est de démêler dans la masse des faits observés les circonstances essentielles des circonstances accidentelles, celles qui sont invariables et uniformes de celles qui sont passagères et mobiles; pour cela, il faut savoir discerner les vraies causes des causes apparentes, et ce discernement requiert une connaissance exacte du rapport de cause à effet.

Une cause et un effet se reconnaissent aux signes suivants : la cause et l'effet sont invariablement unis, la cause précédant l'effet, l'effet suivant la cause. Toutefois, en certains cas, ce signe n'est pas manifeste. Ainsi souvent l'effet se produit graduellement, grâce à un accroissement progressif de l'intensité de la cause; d'autres fois, le passage de la cause à l'effet est si brusque, si instantané, que l'intervalle qui les sépare est insensible. — Quand la cause est absente, l'effet l'est aussi, à moins que n'intervienne une autre cause capable de le produire. — Dans les cas où l'intensité de la cause est variable, quand elle croît ou diminue, l'effet croît ou diminue. — L'effet est proportionnel à la cause, dans tous les cas où celle-ci agit directement, sans entraves. — L'effet est supprimé quand la cause est supprimée.

De ces caractères de la relation de cause à effet se déduisent des préceptes généraux de méthode, où il est aisé de reconnaître en germe les méthodes d'expérience plus tard décrites par Stuart Mill.

Il s'agit de déterminer la cause d'un groupe donné de phénomènes.

1° Si, dans le groupe de faits considéré, il en est un qui ne présente pas une circonstance déterminée, ou qui en présente une diamétralement opposée, cette circonstance n'est pas la cause cherchée.

2° Une circonstance présente à tous les faits sans exception peut être la cause cherchée, ou du moins un effet collatéral de cette cause. Si cette circonstance est la seule qui soit commune à tous les faits, il est certain alors qu'elle est la cause ; mais si ces faits présentent tous plusieurs circonstances communes, ce peuvent être là autant de causes concourantes.

3° Quand la façon dont une cause produit son effet demeure invisible, et même quand son existence dans les circonstances données est difficile à concevoir, on ne peut cependant pas la nier, si elle a pour elle le témoignage unanime de fortes analogies. Dans ces cas, on ne saurait se prononcer à *priori* contre la réalité de la cause supposée. Ainsi nous voyons que le soleil est lumineux, et par analogie nous concluons qu'il est une source d'intense chaleur ; cependant nous ignorons comment la chaleur produit la lumière et comment s'entretient la chaleur du soleil.

4° Les faits contraires ou opposés sont aussi instructifs pour la découverte des causes que les faits favorables.

5° On rend très-souvent les causes sensibles en disposant les faits suivant l'ordre d'intensité dans lequel certaine qualité particulière se manifeste ; cependant les résultats de ce procédé ne sont pas nécessairement exacts, parce qu'avec la cause supposée peuvent agir des causes qui en contrarient ou en modifient l'effet.

6° Ces causes contrariantes peuvent demeurer inaperçues et annuler les effets de la cause cherchée dans des cas qui, sans cela, seraient comptés au nombre des cas favorables. On peut donc souvent éliminer des exceptions, en écartant les causes contrariantes, ou en en tenant compte. Cette remarque est de la plus haute importance pour les cas, d'ailleurs nombreux, où une exception saillante, mais unique, surgit au milieu d'une masse de faits qui déposent unanimement en faveur d'une cause.

7° Si nous pouvons rencontrer dans la nature ou produire nous-mêmes deux faits qui coïncident dans toutes les circonstances moins une, l'influence de cette circonstance sur la production du phénomène *doit être* par là même rendue sensible. Si cette particularité se rencontre dans un fait et est absente dans l'autre, la production du phénomène prouvera si elle est ou non la seule cause. Si au contraire la présence ou l'absence de cette particularité n'exerce d'influence que sur le degré ou l'intensité du phénomène, on peut seulement conclure qu'elle agit comme cause concourante, ou comme condition liée à quelque autre condition qu'il faut chercher ailleurs. Si dans la nature il est rare de trouver des faits qui ne diffèrent que par une circonstance, quand nous appelons l'expérience à notre aide, il est aisé d'en produire.

8° Quand on ne peut faire complétement disparaître la circonstance dont on veut déterminer l'influence, il faut chercher des cas où elle présente des différences considérables de degré. Si l'on n'en trouve pas, il faut essayer d'affaiblir ou d'accroître son action, en introduisant quelque circonstance nouvelle, qui, considérée en elle-même, semble capable de produire l'effet considéré. Mais il faut se souvenir que la preuve ainsi obtenue est indirecte, car la nouvelle circonstance introduite peut avoir une influence directe sur la cause réelle ou sur quelque autre circonstance.

9° Les phénomènes complexes, dans lesquels des causes concourantes, opposées ou complétement indépendantes, agissent simultanément, de façon à produire un effet composé, peuvent être simplifiés, en défalquant l'effet de toutes les causes connues, soit par un raisonnement déductif, soit par un appel à l'expérience, et en réduisant ainsi le phénomène complexe à un *résidu* plus simple. C'est par ce procédé que la science, à l'état d'avancement où elle est parvenue, peut faire de nouveaux progrès. Les phénomènes de la nature sont en effet très-compliqués, et, quand les effets de toutes les causes connues sont estimés avec exactitude et soustraits, le résidu est un phénomène complétement nouveau.

III. Whewell [1] s'est proposé de compléter et de

1. Les ouvrages de William Whewell relatifs à la logique sont : *History of the inductive sciences*, London, 1837, 3 vol. in-8°. — *The philosophy of the inductive sciences*, London, 1840, 2 vol.

renouveler l'*Organum* de Bacon. De là le titre de
celui de ses ouvrages où les méthodes inductives sont
exposées avec le plus de détails : *Novum Organum
renovatum*. La théorie qu'il propose de l'induction a
pour fondement une théorie de la science en général,
où l'influence de la pensée kantienne est manifeste.

D'après lui, toute connaissance contient deux éléments à la fois inséparables et irréductibles, des faits
et des idées. Les faits sont fournis par les sensations,
les idées par l'esprit. Isolables par l'analyse mentale,
ces deux éléments ne peuvent, en fait, subsister l'un
sans l'autre ; nos sensations ne peuvent être unies et
liées de façon à former des objets de représentation
et de pensée sans certaines idées, telles que celles
d'espace, de temps, de nombre, de cause, etc. Sans
ces principes universels de liaison et d'unité, elles ne
nous donnent aucune appréhension des choses. Mais,
d'autre part, sans les sensations, les idées sont des
abstractions vides ; nous ne pouvons concevoir l'espace sans corps, le temps sans événements, le nombre
sans choses nombrées, et corps, événements, choses
nombrées impliquent des sensations. L'antithèse des
sensations et des idées est le fondement de la philosophie de la science ; elle nous permet d'en comprendre
la nature, les progrès et la méthode.

La science a pour objet de lier en systèmes les phénomènes par des idées ; ses progrès consistent à appliquer aux faits de mieux en mieux observés des idées
de plus en plus claires et de plus en plus compréhensives, et sa méthode, à mettre au jour des vérités nou-

in-8° ; *History of the scientific ideas*, extraite de l'ouvrage précé-
dent, London, 1856, 2 vol. in-8°. — *Novum Organum renovatum*,
London, 1858, 1 vol. in-8°. — *On the philosophy of discovery*,
London, 1860, 1 vol. in-8°.

velles, en interprétant les faits à l'aide des conceptions idéales.

Mais ces idées, qui sont l'âme de la science, que
sont-elles? — Ce sont non des sensations transformées,
mais des sensations *informées*. Séparez par l'esprit
la forme de la connaissance de la matière à laquelle
elle est incorporée, et vous obtenez des éléments
idéaux qui s'expriment de deux façons, par des conceptions et par des axiomes. C'est le propre, en effet,
des idées fondamentales de tous les ordres de science
d'être débitées en fragments et exprimées progressive-
ment. Soit, par exemple, l'idée d'espace; elle est le
fondement de la géométrie, et, par elle, de toutes les
sciences qui, directement ou indirectement, ressortis-
sent à la science de l'étendue. Cette idée se manifeste
en acte par une infinité de conceptions particulières,
ligne, surface, solide, ligne droite, lignes courbes,
triangle, quadrilatère, cercle, ellipse, carré, sphère,
cylindre, cône, etc., objets des définitions géométriques. Mais, en même temps que ces conceptions, sont
données un certain nombre de vérités nécessaires,
toutes relatives à l'espace et qui en expriment les
propriétés essentielles, comme les axiomes de la ligne
droite et des parallèles. De même l'idée de cause,
engagée au fond de toutes les sciences mécaniques, s'y
manifeste par les conceptions de la force et de la résis-
tance et par les axiomes suivants : tout événement
doit avoir une cause; les causes sont mesurées par
leurs effets; la réaction est égale et opposée à l'action.

Le caractère de nécessité inhérent aux axiomes
scientifiques nous éclaire sur l'origine et la nature des
idées fondamentales dont ils dérivent. Puisque les axiomes dérivés sont nécessaires, les idées originales qui en
sont la source le sont aussi. Elles ne sont donc pas

d'origine empirique, puisque l'expérience ne saurait donner rien de nécessaire; elles sont des conditions inévitables et évidentes, imposées à notre connaissance. Il y a donc, dans la science, un élément métaphysique; l'analyse de la connaissance le prouve, non moins que l'histoire des idées scientifiques.

Cela posé, il y a science, quand nos conceptions sont claires et distinctes, et quand les faits auxquels on les applique sont liés par elles de manière à produire un accord exact et universel. La construction de la science résulte donc de deux œuvres simultanées : l'explication des conceptions et la liaison des faits.

Les idées, nous venons de le voir, sont certaines formes compréhensives de pensée que nous appliquons aux phénomènes : telles les idées d'espace, de temps, de nombre, de cause, de ressemblance, etc. Les conceptions sont des modifications spéciales de ces idées : le cercle, le nombre carré, la force accélératrice, etc. ; ces conceptions impliquent certaines relations universelles et nécessaires dérivées des idées, les axiomes. Que ces éléments idéaux soient engagés dans la formule de toute loi, c'est ce que prouve d'une manière incontestable l'analyse d'une loi quelconque; les lois de Képler, par exemple, supposent, outre la conception d'une force centrale accélératrice, celle du carré des nombres, du cube des distances, du rapport de ces quantités, etc. ; elles ne pouvaient donc être découvertes et formulées que le jour où ces conceptions étaient devenues suffisamment claires et distinctes. — L'explication des conceptions, indispensable aux progrès de la science, en est aussi une conséquence. A mesure que les idées s'éclaircissent, l'application s'en étend, et ainsi un nombre de plus en plus grand de faits se condense en des formules de plus en plus générales;

mais, d'autre part, l'observation exacte des faits sert, autant que la discussion et la controverse scientifiques, à l'éclaircissement progressif des idées.

Les méthodes d'observation ont donc, comme point de départ de la découverte scientifique, une importance capitale. Recueillir des faits exacts et déterminés, voilà le but des procédés d'observation proprement dits; la plupart d'entre eux se ramènent par suite à des procédés de mesure, dont les principaux sont la numération, la mesure de l'espace et du temps, la conversion du temps et de l'espace à l'aide du mouvement, la méthode de répétition, la méthode des coïncidences ou interférences, celle des doubles pesées, et enfin la mesure des qualités secondes de la matière, son, chaleur, lumière, à l'aide d'échelles conventionnelles.

L'explication des conceptions et l'observation des faits ne font que préparer les matériaux intellectuels et sensibles de la science. C'est à l'induction qu'il appartient de la mettre en œuvre. L'induction, qu'il s'agisse de la découverte des lois ou de la découverte des causes des phénomènes, est essentiellement la liaison vraie des faits à l'aide de conceptions exactes et appropriées; elle n'est donc ni la pure somme des faits liés ensemble, ni l'idée qui les lie, mais l'acte par lequel l'esprit introduit dans les faits épars et distincts l'élément intellectuel qui les unit.

Il faut distinguer dans l'induction ainsi définie trois degrés : le choix de l'idée, la construction de la conception, et la détermination des grandeurs. — Le choix de l'idée et la construction de la conception sont au fond choses semblables, puisque la conception est une modification particulière de l'idée; l'un et l'autre dépendent en grande partie de la sagacité de l'inventeur; l'esprit le plus riche en idées claires n'est

pas pour cela capable de trouver celle sous laquelle
se rangent les faits observés ; rien ne supplée au
génie, et, s'il est des méthodes pour vérifier les hypothèses une fois conçues, il n'en est pas pour les concevoir. Toutefois, si la construction d'une conception
appropriée aux faits est le plus souvent le fruit spontané du génie de l'inventeur, souvent aussi elle est,
en une grande mesure, suggérée par la détermination
exacte des grandeurs, surtout dans les cas où les phénomènes admettent une mesure et une expression
numériques. C'est à ces cas, nombreux d'ailleurs, que
Whewell s'attache spécialement, en décrivant les méthodes particulières d'induction applicables à la quantité ; les plus importantes sont la méthode des *courbes*,
celle des *moyennes*, celle des *plus petits carrés* et celle
des *résidus*.

La *méthode des courbes* consiste à tracer une courbe
dont les quantités observées sont les ordonnées et dont
la quantité de laquelle dépend le changement de ces
quantités est l'abcisse. — L'efficacité de cette méthode
repose sur la faculté que possède l'œil de découvrir
aisément la régularité et l'irrégularité dans les formes.
On peut l'employer pour découvrir les lois que sui-
vent les quantités observées, et aussi, quand les observations sont inexactes, pour les corriger.

La *méthode des moyennes* élimine les irrégularités
en prenant la moyenne arithmétique d'un grand nombre
de quantités observées. Son efficacité repose sur ce
principe que, dans les cas où les quantités observées
présentent d'autres inégalités que celles dont nous
désirons déterminer la loi, les différences en plus et
en moins avec les quantités que la loi en question
devrait produire doivent, dans un grand nombre de
cas, se balancer les unes les autres.

La *méthode des plus petits carrés* est au fond une méthode des moyennes; elle a pour objet de déterminer la loi la plus probable qui dérive d'un nombre d'observations, en tout ou partie, imparfaites. Elle repose sur cette hypothèse que toutes les erreurs ne sont pas également probables, mais que les petites sont plus probables que les grandes. En raisonnant mathématiquement sur ce fondement, on trouve que la moyenne la plus probable est celle dont les carrés donnent la somme la plus petite.

Enfin la *méthode des résidus*, qu'il convient d'appliquer dans les cas où plusieurs lois agissent en même temps et combinent leur influence pour modifier les quantités observées, consiste à soustraire des quantités données par l'observation la quantité donnée par une loi déjà connue et à chercher la loi du reste ou résidu. Cette loi découverte, il faut, s'il y a lieu à une nouvelle investigation, soustraire la quantité qu'elle donne du premier résidu, et traiter le second résidu ainsi obtenu par les méthodes ordinaires, pour en découvrir la loi, et ainsi de suite, jusqu'à épuisement des données de l'observation.

A ces méthodes s'en joignent d'autres fondées sur la ressemblance : ce sont les *méthodes de gradation* et de *classification naturelle*. La première, qui implique la *loi de continuité*, en vertu de laquelle une quantité ne peut passer d'une valeur à l'autre par un changement de condition sans passer par toutes les grandeurs intermédiaires conformément aux conditions intermédiaires, consiste, lorsque deux cas extrêmes sont donnés qui semblent différents de nature, à les relier par une série d'intermédiaires, de façon à décider, par cette gradation continue, s'ils sont ou non de même nature.

La *méthode de classification naturelle* consiste à distribuer les cas examinés suivant les connexions des faits eux-mêmes, de façon à en extraire des vérités générales.

Les méthodes inductives que nous venons de décrire brièvement nous conduisent seulement aux lois des phénomènes; mais il est d'autres inductions qui, au delà des relations de quantité et de ressemblance, pénètrent plus profondément dans la nature et les connexions réelles des choses. Whewell les appelle *inductions des causes*. Elles reposent, d'après lui, principalement sur les idées de *substance* et de *cause*. Nombre de questions scientifiques sont relatives aux causes proprement dites des phénomènes, celles-ci, par exemple : la chaleur, la lumière, l'électricité, existent-elles réellement comme fluides impondérables? L'idée de substance est au fond de toutes les questions de cette sorte, et l'usage scientifique n'en saurait être contesté. Ainsi l'axiome de substance, que le poids d'un tout doit être égal au poids des éléments, quelques changements que produisent la composition et la séparation de ces éléments, a ruiné la théorie du phlogistique et établi sur des bases inébranlables la théorie moderne de l'oxygénation. Whewell insiste peu sur les inductions de cette espèce, qui au fond ne diffèrent pas de ce qu'il appelle les inductions de lois. Peut-être les a-t-il surtout signalées pour un objet étranger à la science positive, l'affirmation d'une cause première, à laquelle, selon lui, aboutissent les degrés successifs de la causalité.

On a pu voir, par ce qui précède, que les méthodes inductives décrites par Herschel et Whewell sont exclusivement des méthodes de découverte. L'un et l'autre semblent n'avoir pas vu cette vérité, qu'après

eux Stuart Mill devait mettre en un relief si saisissant,
que toute logique, même une logique inductive, est
une science, non de la découverte, mais de la preuve.
Whewell en particulier, malgré une connaissance profonde des théories scientifiques anciennes et modernes,
séduit et égaré par l'apparente simplicité qu'introduit
dans la conception de la science et des méthodes l'antithèse des faits et des idées qu'il regarde comme fondamentale, a méconnu la véritable nature de l'opération inductive. Si l'on peut décrire la découverte scientifique comme l'application d'idées fournies par l'esprit
à des faits donnés par la sensation, il reste à savoir
comment les propositions ainsi obtenues ont force de
loi; dès lors, on est conduit à se demander comment
nous pouvons être assurés de la validité de ces propositions, et quels sont les procédés auxiliaires de la
preuve expérimentale.

C'est à Stuart Mill qu'il était réservé de délimiter
avec une rigoureuse exactitude la circonscription de la
logique inductive, d'en poser en termes vrais le problème fondamental, et d'en déterminer avec une précision sans précédent les principales méthodes. Son
Système de logique est aujourd'hui, en France, aux
mains de tous ceux qui philosophent; les doctrines
qu'il contient ont été popularisées par de brillants
écrits; aussi ne ferons-nous qu'en indiquer brièvement
les thèses essentielles.

IV. Ainsi que l'a fait remarquer M. Bain [1], la plus
grande originalité de Stuart Mill est peut-être d'avoir
tracé « une ligne de démarcation profonde entre l'art
de la découverte et l'art de la preuve ». Il définit la
logique « la science des opérations intellectuelles qui

---

1. *Log. ind. et déd.*, trad. franç., t. II, append. II.

servent à l'estimation de la preuve, c'est-à-dire à la fois du procédé général qui va du connu à l'inconnu, et des opérations auxiliaires de cette opération fondamentale. »

Aller du connu à l'inconnu, c'est raisonner. Le raisonnement, au sens large du mot, est synonyme d'inférence. On distingue d'ordinaire des inférences du particulier au général et des inférences du général au particulier; les premières sont appelées inductions, et les secondes, syllogismes. Mais les unes et les autres sont dérivées d'un mode primitif d'inférence, l'inférence du particulier au particulier. La logique doit montrer par quelle évolution ce mode primitif et irréductible de raisonnement donne naissance à l'induction et à la déduction scientifiques. Bornons-nous ici à ce qui concerne la première.

Toutes nos inférences primitives sont faites, d'après Stuart Mill, du particulier au particulier. Dès les premières lueurs de l'intelligence, nous tirons des conclusions, et des années se passent avant que nous apprenions l'usage des termes généraux. L'enfant qui s'est brûlé le doigt se garde désormais de l'approcher du feu ; il a raisonné et conclu, sans s'être pour cela servi d'un principe général. Il se souvient qu'il a été brûlé ; et, sans autre garantie que ce souvenir, il croit que, s'il approche encore son doigt du feu, il se brûlera de nouveau; l'image du feu et le souvenir de la sensation douloureuse précédemment éprouvée sont associés en son esprit, et la présence de l'une suffit à provoquer l'apparition de l'autre. La même inférence se répète chaque fois que se présente un nouveau cas semblable; mais, chaque fois, elle ne dépasse pas le cas présent; il n'y a pas là de généralisation; un fait particulier est inféré d'un fait particulier.

Mais cette induction instinctive et restreinte est loin d'être l'induction réfléchie et savante. Comment s'opère le passage de l'une à l'autre? Comment de l'inférence du particulier au particulier peut sortir l'inférence du particulier au général? L'induction savante consiste à conclure que « ce qui est vrai dans un cas particulier sera trouvé vrai dans tous les cas qui ressemblent au premier ». Il suffit de ce bref énoncé pour faire voir qu'une telle opération implique un principe ou un postulat. Pour croire que ce qui s'est produit dans un cas particulier se reproduira dans tous les cas semblables, il faut au préalable croire « qu'il y a des cas parallèles dans la nature, que ce qui est arrivé une fois arrivera encore dans des circonstances suffisamment semblables et de plus arrivera aussi souvent que les mêmes circonstances se représenteront [1]. »

Mais comment s'engendre cette conviction? L'uniformité de la nature, quand on met un corps dans cette forme vide, est la somme des uniformités partielles ; elle est un fait complexe composé des uniformités séparées de chaque phénomène. Cela revient à dire que le principe ou le postulat de l'induction est l'expression abrégée de toutes nos inductions partielles. Mais, à parler ainsi, il y a cercle vicieux. Si en effet l'induction du particulier au général implique, pour être valide, la croyance à l'uniformité du cours de la nature, cette croyance ne peut dériver des inductions particulières, qui, sans elle, seraient sans force et sans valeur.

Mais n'oublions pas quelle est la nature des inductions primitives. Elles se font d'un cas particulier à un cas particulier. L'homme alors induit spontanément, et

1. *Syst. de log.*, trad. franç., liv. III, ch. 3.

sans le secours d'aucun principe. La reproduction constante, dans les mêmes circonstances, des cas particuliers attendus en vertu de cette prévision spontanée et presque machinale, qui est le fond de nos premières inférences, enfante une présomption à croire que tous les phénomènes se comportent ainsi régulièrement; peu à peu, cette présomption se fortifie, à mesure que s'accroît le nombre des cas favorables qui déposent en sa faveur, et, comme aucun fait ne la dément, l'esprit en vient naturellement à réunir en une formule générale toutes ces lois ébauchées et provisoires, et la croyance à l'uniformité de la nature finit par tirer de l'unanimité des témoignages favorables, et de l'absence de tout témoignage contraire, une autorité à laquelle nous ne saurions nous soustraire sans faire une violence injustifiée à nos habitudes d'esprit les plus puissantes. Dès lors, la certitude dont elle est investie rejaillit sur les lois particulières, et ainsi s'accomplit, sans cercle vicieux, le passage de l'inférence du particulier au particulier à l'inférence du particulier au général, par l'intermédiaire du principe de l'uniformité de la nature.

Ce principe, Stuart Mill l'appelle encore la *loi de la causalité universelle*. C'est qu'en effet, parmi les uniformités de la nature, les plus importantes, celles qui ont le rôle scientifique le plus éminent, sont les uniformités de succession, et que toute succession régulière implique cause et effet. — Qu'est-ce donc qu'une cause, au sens scientifique du mot? Dans l'ordre de la nature, quand un phénomène se produit, il n'apparaît pas sans lien à ce qui l'a précédé; mais il est uni à un groupe de circonstances antécédentes. Si nous analysons ces circonstances, nous voyons que les unes sont invariables, tandis que les autres varient d'un cas à l'autre.

Nous appelons « cause d'une chose, l'antécédent à la suite duquel cette chose arrive invariablement » [1]. Mais c'est là une définition insuffisante. Si en effet l'antécédence et la conséquence invariables dans l'ordre du temps étaient l'unique signe de la cause et de l'effet, il faudrait déclarer que la nuit est cause du jour et le jour cause de la nuit, puisqu'ils alternent en succession régulière et constante. Or l'esprit se refuse à cette conséquence. A l'invariabilité dans la succession doit donc se joindre un autre caractère : c'est l'*inconditionnalité* de l'antécédent. La nuit et le jour se succèdent invariablement, sans que nous puissions dire que l'une est la cause de l'autre. C'est que cette succesion est elle-même soumise à une condition, le lever du soleil à l'horizon ; c'est ce dernier phénomène qui fait succéder la clarté aux ténèbres ; qu'il se produise, et le jour remplace la nuit ; qu'il ne se produise pas, et la succession de la nuit et du jour est interrompue. C'est donc l'apparition du soleil au-dessus de l'horizon, l'absence d'un corps opaque placé en ligne droite entre cet astre et le lieu de la terre où nous sommes, qui est pour nous la condition sans laquelle le jour ne se produirait pas. Il faut donc définir la cause d'un phénomène « l'antécédent ou la réunion d'antécédents dont le phénomène est invariablement et inconditionnellement le conséquent » [2].

Ce sens de la causalité établi, le mécanisme de la preuve expérimentale est aisé à analyser. Chaque phénomène est précédé d'un cortége de circonstances variées et fait à son tour partie d'un semblable cortége. Il faut donc déterminer quels antécédents et quels conséquents sont unis dans cette suite incessante

1. *Syst. de log.*, trad. franç., liv. III, ch. 5.
2. *Ibid.*

des faits. Pour cela, trois opérations sont nécessaires :
la séparation mentale, la séparation actuelle des faits,
et la variation des circonstances ; en deux mots, l'observation et l'expérimentation.

Les méthodes de recherche expérimentale sont : la
méthode de concordance, la méthode de différence, la
méthode unie de concordance et de différence, la méthode des résidus et enfin la méthode des variations
concomitantes [1].

Méthode de concordance. — « Soit A une cause, et
supposons qu'il s'agisse d'en déterminer les effets. Si
l'on peut rencontrer ou produire l'agent A au milieu de
circonstances variées, et si les différents cas n'ont aucune circonstance commune excepté A, l'effet quelconque qui se produit dans toutes les expériences est
signalé comme l'effet de A. Supposons, par exemple,
que A est mis à l'essai avec B et C, et que l'effet est
abc ; puisque, A étant joint à D et E, mais sans B ni C,
l'effet est *ade*. Ceci posé, voici comment on raisonnera :
b et *c* ne sont pas les effets de A, car ils n'ont pas été
produits par A dans la seconde expérience ; *d* et *e* ne
le sont pas non plus, car ils n'ont pas été produits
dans la première. L'effet réel, quel qu'il soit, de A doit
avoir été produit dans les deux cas ; or, il n'y a que la
circonstance *a* qui remplisse cette condition. Le phénomène *a* ne peut pas être l'effet de B ni de C, puisqu'il s'est produit en leur absence, ni de D ni de C, par
la même raison. Donc il est l'effet de A. »

Méthode de différence. — Par la méthode précédente, il s'agissait d'obtenir des cas qui concordent
dans la circonstance donnée, mais diffèrent dans toute
autre. Dans la méthode de différence, il faut au con-

1. *Syst. de log.*, trad. franç., liv. III, ch.

traire trouver deux cas qui, semblables sous tous les
autres rapports, diffèrent par la présence ou l'absence
du phénomène étudié. S'il s'agit de découvrir les
effets d'un agent A, il faut prendre A dans quelques
groupes de circonstances constatées, comme ABC, et,
ayant noté les effets produits, les comparer avec l'effet
des autres circonstances BC quand A est absent. Si
l'effet de ABC est *abc*, et l'effet de BC, *bc*, il est évident que l'effet de A est *a*. De même, si, commençant
par l'autre bout, on veut déterminer la cause d'un effet
a, il faut choisir un cas comme *abc*, dans lequel l'effet
se produit, et où les antécédents étaient ABC, et se
mettre en quête d'un autre cas dans lequel les circonstances restantes *bc* se présentent sans *a*. Si dans
ce dernier cas les antécédents sont BC, on sait que la
cause de *a* doit être A, A seul ou joint à quelqu'une
des autres circonstances présentes.

Méthode unie de concordance et de différence. —
Parfois, il est impossible de trouver le couple de cas
requis. Alors, par un double emploi de la méthode de
concordance, on peut découvrir en quoi les cas qui
contiennent A ou *a* diffèrent de ceux qui ne les contiennent pas. Si, en comparant divers cas dans lesquels
a arrive, on trouve qu'ils ont tous en commun la circonstance A et (autant qu'on peut l'observer) pas
d'autre, la méthode de concordance témoigne d'une
connexion entre A et *a*. Pour convertir cette preuve de
connexion en preuve de causation par la méthode directe de différence, il faudrait pouvoir dans quelqu'un
de ces cas, par exemple dans ABC, exclure A et voir
si, cela fait, *a* n'a pas lieu. Maintenant, supposé, ce qui
est fréquent, que nous ne soyons pas en mesure de
faire cette expérience décisive, si nous réussissons de
quelque manière à découvrir quel aurait été son ré-

sultat au cas où elle aurait été faite, l'avantage sera le même. Supposé donc qu'ayant d'abord examiné divers cas dans lesquels *a* avait lieu, et trouvé qu'ils concordaient en ce qu'ils contenaient tous A, nous observons maintenant différents cas dans lesquels *a* n'a pas lieu, et trouvons qu'ils concordent en ce qu'ils ne contiennent pas A, la méthode de concordance établit entre l'absence de A et l'absence de *a* la même connexion établie précédemment entre leur présence. De même, par conséquent, qu'il a été constaté que, toutes les fois que A est présent, *a* l'est aussi; de même, en montrant maintenant que, lorsque A est mis de côté, *a* manque aussi, on obtient, par une des propositions ABC, *abc*, par l'autre BC, *bc*, qui sont les cas positifs et négatifs requis par la méthode de différence.

Méthode des résidus. — Le principe de cette méthode est très-simple. En retranchant d'un phénomène donné tout ce qui, en vertu d'inductions antérieures, peut être attribué à des causes connues, ce qui reste sera l'effet des antécédents qui ont été négligés ou dont l'effet était encore une quantité inconnue.

Méthode des variations concomitantes. — Il reste une classe de lois qu'il n'est pas possible de déterminer par aucune des méthodes précédentes : ce sont les lois de ces causes permanentes, de ces agents naturels indestructibles qu'il est à la fois impossible d'exclure et d'isoler. Mais nous avons une ressource. Quoiqu'il soit impossible d'exclure complétement un antécédent, nous pouvons être à même, ou la nature pour nous, de le modifier de quelque façon. Par modification, il faut entendre un changement qui ne va pas jusqu'à la suppression totale. Si une certaine modification dans l'antécédent A est toujours suivie d'un changement dans le conséquent *a*, les autres conséquents *b* et *c* demeurant les mêmes, ou *vice versa*, si chaque changement dans *a* est précédé de quelque modification de A, sans qu'on en observe aucun dans les autres antécédents, on peut en toute sûreté conclure que *a* est, en tout ou en partie, un effet de A, ou du moins est lié de quelque manière à A causalement. Pour la chaleur, par exemple, bien qu'on ne puisse pas l'expulser complétement d'un corps, on peut en modifier la quantité, l'augmenter ou la diminuer, et de cette manière on trouve, par les différentes méthodes d'expérimentation ou d'observation, que l'augmentation ou la diminution de la chaleur est suivie de l'expansion ou de la contraction des corps. On arrive ainsi à conclure, ce qui serait impossible autrement, que l'un des effets de la chaleur est d'augmenter le volume des corps.

Tels sont, d'après Stuart Mill, les principes et les opérations fondamentales de la logique inductive.

CHAPITRE II

LA LOGIQUE INDUCTIVE ET LE SYLLOGISME.

I. Stuart Mill : pétition de principe inhérente à tout syllogisme ; fonction du syllogisme ; formule du syllogisme. — II. Herbert Spencer : définition de la logique ; critique du syllogisme péripatéticien ; raisonnement du particulier au particulier ; syllogisme à quatre termes ; principe de similitude.

I. La logique inductive n'a en elle-même rien d'incompatible avec l'existence d'une logique formelle ; on peut tracer les règles de la recherche et de la preuve expérimentales, sans nier pour cela la légitimité des déductions syllogistiques. Quand Bacon disait : *Rejicimus syllogismum*, il entendait seulement le proscrire comme instrument de découverte ; il ne contestait pas l'autorité de la logique péripatéticienne, ramenée dans les limites où son inventeur lui-même l'avait circonscrite. Whewell, sur ce point, ne pense pas autrement que Bacon.

Mais Stuart Mill, et à sa suite Herbert Spencer, devaient être conduits, par les doctrines qu'ils professent sur l'origine et la genèse des connaissances, à annexer à la logique inductive le domaine entier de la logique formelle. De tout temps, les logiciens s'étaient accordés à reconnaître une science de la forme générale de la pensée. L'exercice de l'entendement, disait Kant en particulier, est soumis à des lois ; les unes, qui dépendent des objets déterminés de la connaissance, sont aussi nombreuses que ces objets, et contingentes ; les autres, qui dérivent de la nature même de l'entendement, sont nécessaires. Si l'on fait abstraction de toute connaissance relative aux objets particuliers, pour ne considérer que l'usage de l'entendement en général, on est conduit à constituer une science où n'entre rien de ce qui touche à la matière de la connaissance. Dans une telle science, la vérité objective des principes et des conclusions n'est pas en question ; on se préoccupe uniquement de savoir comment, de certaines propositions données à titre d'hypothèses, on peut tirer des conclusions conformes aux exigences constitutives de l'entendement.

Stuart Mill nie l'existence et la possibilité d'une telle science. Pour lui, l'inférence du général au particulier n'est pas un mode primitif et irréductible du raisonnement.

En premier lieu, il faut, d'après lui, reconnaître que tout syllogisme, considéré sous l'aspect ordinaire, contient une pétition de principe. Quand on dit :

Tous les hommes sont mortels,

Socrate est un homme,

Donc Socrate est mortel,

La conclusion est présupposée dans la première prémisse. Nous ne pouvons pas être assurés de la mortalité de tous les hommes, à moins d'être déjà certains de la mortalité de chaque homme individuel. Si l'on dit que la mortalité de Socrate est douteuse avant d'avoir été extraite de la majeure : Tous les hommes sont mortels, cette majeure est par là même frappée d'incertitude et ne peut, par conséquent, servir à légitimer la conclusion. Le principe général, loin d'être une preuve du cas particulier, ne peut être lui-même reçu comme vrai, s'il reste l'ombre d'un doute sur un des cas qu'il contient. Par conséquent, aucun raisonnement du général au particulier ne peut, comme tel, rien prouver, puisque d'un principe général on ne peut inférer que les faits particuliers que ce principe suppose connus.

Pourtant, en fait, le syllogisme semble chaque jour nous fournir la connaissance de vérités non encore observées. Il a donc une force d'inférence sur la nature de laquelle on s'est mépris, altérée qu'elle était par des formules artificielles. Il est incontestable que cette proposition : Le duc de Wellington est mortel, est une inférence. Mais peut-on la conclure de la proposition : Tous les hommes sont mortels? « Je réponds : non. L'erreur en ceci est, ce me semble, dit Mill, d'oublier qu'il y a deux parts à faire dans le procédé philosophique, la part de l'inférence et la part de l'enregistrement, et d'attribuer à la seconde la fonction de la première. La méprise consiste à faire remonter l'origine des connaissances d'une personne à ses notes. Si, à une question qui lui est faite, une personne ne trouve pas immédiatement sa réponse, elle peut rafraîchir sa mémoire en consultant un mémorandum qu'elle porte dans sa poche. Mais, si on lui demande comment le fait est venu à sa connaissance, elle ne dira pas très-probablement que c'est parce qu'il est noté sur son carnet [1]. »

Or qu'est-ce qu'une proposition générale? C'est un court abrégé et de nos observations, et des inférences

---

1. *Syst. de log.*, trad. franç., liv. II, ch. 3.

que nous en avons tirées. « Lors donc que nous concluons de la mort de Jean, de Pierre, et de tous les individus dont nous avons entendu parler, que le duc Wellington est mortel, nous pouvons sans doute, comme station intermédiaire, passer par cette généralité que tous les hommes sont mortels ; mais ce n'est pas dans cette dernière moitié de chemin qui va de tous les hommes au duc de Wellington que réside l'inférence ; elle est faite quand nous avons affirmé que tous les hommes sont mortels [1]. » La garantie de la mortalité du duc de Wellington, c'est la mortalité de Jean, de Pierre, de Jacques et des autres hommes à nous connus ; qu'entre le premier et le dernier stade du raisonnement nous intercalions une proposition générale, la preuve, en tant que preuve, n'en reçoit rien.

Quelle est donc la vraie fonction du syllogisme ? — Toutes les inférences primitives se font, nous l'avons vu, du particulier au particulier. Les propositions générales sont de simples registres des inférences déjà faites et de courtes formules pour en faire d'autres. Si, comme c'est le cas dans le syllogisme, nous prenons pour point de départ une de ces propositions, que sera la conclusion qu'on s'imagine en tirer, sinon une interprétation ? On ne peut dire en effet, sans pétition de principe, que la conclusion est tirée *de* la formule ; on doit dire qu'elle est faite *conformément à* la formule. La prémisse réelle, ou mieux l'antécédent logique de la conclusion, c'est la somme des faits particuliers d'où l'induction a extrait la proportion générale. Nous avons pu oublier ces faits individuels ; il nous reste à la place une brève annotation, un memorandum, qui, nous rappelant que certains attributs

---

1. *Syst. de log.*, trad. franç., liv. II, ch. 3.

nous ont paru toujours liés à certains autres attributs, nous permet de passer de la présence des uns à l'existence des autres. Mais l'inférence a lieu véritablement des faits oubliés, condensés dans la formule générale, au fait particulier dont il s'agit. Le syllogisme est donc essentiellement une inférence du particulier au particulier, autorisée par une inférence antérieure du particulier au général.

Il résulte de là qu'il faut en modifier les formules générales. Toute proposition réelle énonce qu'un objet donné possède ou ne possède pas tel ou tel attribut, et que deux attributs ou groupes d'attributs coexistent ou ne coexistent pas. Appliquons ce principe aux deux prémisses d'un syllogisme : la majeure qui est toujours universelle énonce que toutes les choses qui ont un certain attribut ont ou n'ont pas en même temps certains autres attributs déterminés ; la mineure énonce que la chose ou les choses, sujet de cette prémisse, possèdent l'attribut mentionné le premier dans la majeure, et la conclusion qu'elles ont ou n'ont pas le second. Généralisons le procédé, et nous verrons que tous les syllogismes sont régis par les lois suivantes : les choses qui coexistent avec une autre chose coexistent entre elles ; une chose qui coexiste avec une autre chose avec laquelle une troisième chose ne coexiste pas, ne coexiste pas avec cette troisième chose ; et encore, en considérant les propositions générales non comme une partie de notre connaissance, mais comme une aide pour la pratique : « Tout ce qui a une marque a ce dont il est la marque ; » ou bien, lorsque la mineure est universelle comme la majeure : « Tout ce qui est la marque d'une marque est une marque de ce dont cette dernière est la marque [1]. »

1. *Syst. de log.*, liv. II, ch. 2.

Alors les types généraux du syllogisme seraient les suivants :

L'attribut A est une marque de l'attribut B ;

L'objet donné a la marque A ;

Donc l'objet donné a l'attribut B.

L'attribut A est une marque de l'absence de l'attribut B ;

L'objet donné a la marque A ;

Donc l'objet donné n'a pas l'attribut B.

II. M. Herbert Spencer s'est attaqué plus vivement encore que Stuart Mill à la vieille logique formelle [1]. La définition qu'il propose de la logique dérive de la distinction qu'il établit entre les lois des corrélations externes et celles des corrélations internes, distinction qui est elle-même une conséquence de sa doctrine fondamentale de la correspondance du dedans au dehors et de la subordination constante du premier au second [2]. Les existences considérées comme objectives, c'est-à-dire en dehors de notre conscience, ont entre elles certaines corrélations de temps, d'espace, de nombre, de qualités, etc. Nos idées de ces existences ont de même entre elles certaines corrélations, parallèles aux premières, mais dérivées et non primitives. De là deux séries de rapports, les uns extérieurs, les autres intérieurs. La logique a pour objet les premiers ; elle est donc, au même titre que les mathématiques, une province de « l'existence objective » ; elle exprime des dépendances nécessaires entre les choses, et non pas entre les pensées ; si parfois elle remplit aussi cette dernière fonction, c'est secondairement ; et en

---

1. Cf. *Principes de Psychologie*, trad. Ribot et Espinas, 6e p., c. 2, 3, 4, 5, 6, 7 et 8.

2. Cf. Ribot : *la Psych. angl. contemp.* Herb. Spencer.

tant que les dépendances entre les pensées sont moulées par correspondance sur les dépendances des choses ; elle ne saurait donc être, comme on l'a voulu, une science des lois de la pensée.

Les preuves de cette assertion hardie peuvent être tirées de la logique formelle elle-même. Les logiciens emploient, de préférence aux termes concrets, des signes et des symboles capables d'exprimer indifféremment toute espèce d'existence. De là à conclure que la logique a trait uniquement aux lois suivant lesquelles ces signes et ces symboles abstraits s'associent et se désassocient, abstraction faite du contenu qu'ils peuvent renfermer, il n'y a qu'un pas, et ce pas a été franchi par les théoriciens de la logique formelle. Mais leurs découvertes témoignent contre eux. La théorie du syllogisme quantifié de de Morgan, les méthodes algébriques de Boole, la machine logique de Stanley Jevons déposent en faveur de cette opinion que la logique se rapporte aux liaisons entre les choses, et non pas aux liaisons corrélatives entre nos états de conscience. Dans aucun de ces procédés, en effet, nous n'avons affaire à la pensée elle-même ; dans tous, nous nous occupons uniquement de rapports réciproques entre des choses extérieures à la conscience.

- La première conséquence de cette doctrine est d'enlever toute valeur à la syllogistique. Les critiques adressées par M. Herbert Spencer au syllogisme sont des plus originales. — En fait, nous ne raisonnons pas toujours par syllogisme. S'il est des vérités que nous semblons établir à l'aide de deux prémisses, il en est dont l'établissement est tantôt plus simple, tantôt plus complexe. Telles sont ces affirmations élémentaires que nous inférons spontanément, sans recourir à aucun intermédiaire, et ces conclusions que nous tirons d'un système nombreux de rapports variés. Les unes et les autres ne peuvent, quelque violence qu'elles subissent, tenir dans les cadres, ici trop larges, là trop étroits, du syllogisme. Le syllogisme fait donc défaut aux deux extrémités de la série des raisonnements.

Mais, même réduit à de plus justes proportions, est-il la forme véritable du raisonnement? — Soit le syllogisme suivant :

Tous les cristaux ont un plan de clivage;

Ceci est un cristal,

Donc ceci a un plan de clivage.

Cette série de propositions exprime-t-elle l'ordre véritable dans lequel nos pensées se succèdent pour engendrer la conclusion? Soutiendra-t-on, avec quelque vraisemblance, qu'avant de penser à ce cristal-ci j'ai pensé à tous les cristaux, et que je suis descendu du général au particulier? Il y aurait là une rencontre fortuite de tout point inexplicable. En fait, l'idée de ce cristal a dû précéder ma conception de tous les cristaux, et c'est par conséquent un des éléments de la conclusion qui m'a suggéré un des éléments généraux de la majeure.

Si, pour éviter l'objection, on transpose les prémisses, on demandera : Pourquoi, à l'idée de ce cristal individuel, ai-je été conduit à penser à tous les cristaux, et non pas à toute autre classe? Pourquoi, quand je pense aux cristaux, pensé-je à leurs plans de clivage, et non à leurs angles, à leurs axes, ou à toute autre de leurs propriétés? La vérité, c'est que, avant de penser à la proposition générale : « Tous les cristaux ont un plan de clivage, » j'ai déjà aperçu que ce cristal-ci possède cette propriété. Ce sont, il est vrai, mes expériences antérieures sur le clivage des cristaux qui me déterminent à penser au plan de clivage de celui-ci en particulier ; mais le souvenir de ces expériences ne s'offre pas à mon esprit avant l'observation du cas individuel ; elles ont laissé en moi une tendance qui me porte à considérer, dans le cristal perçu, le plan de clivage, de préférence à tout autre attribut ; de là je pense à la proposition générale que me suggère la proposition particulière, et de celle-là je reviens à celle-ci. Psychologiquement, il y a trois moments successifs dans le raisonnement déductif ; mais l'inférence n'est pas dans le retour de la proposition générale à la proposition particulière. Le syllogisme n'exprime donc pas le procédé par lequel on atteint la conclusion.

Toute déduction débute par un rapport spontanément inféré. Il résulte de là que toute inférence est essentiellement inductive. Il n'en saurait être autrement si la logique a pour objet les choses considérées objectivement.

Le mode primitif et irréductible de l'induction est ce que Mill a appelé le raisonnement du particulier au particulier. « C'est à lui qu'on peut ramener et la déduction, et l'induction, en diminuant continuellement le nombre des faits affirmés et observés. C'est lui qui est à moitié route entre elles, comme la commune racine d'où toutes deux partent. C'est lui qui se montre habituellement chez les enfants et les animaux supérieurs, et c'est en lui que nous trouvons la comparaison des rapports réduite à sa forme la plus simple..... Dans ce raisonnement primitif, les rapports servant de prémisses, comme les rapports inférés, sont *singuliers*. L'acte mental est une intuition de la ressemblance et de la différence d'un rapport à un autre rapport. L'enfant qui s'est brûlé et qui, ayant éprouvé une fois la liaison de l'impression visuelle du feu avec la sensation douloureuse que le feu produit sur la peau, ayant mis sa main près du feu, la retire, est possédé mentalement par la représentation d'un rapport entre le feu et une brûlure, en tout semblable au rapport précédemment perçu. Il pense que le rapport futur sera une répétition du rapport passé. Il voit, ou plus exactement il présume que les deux rapports sont semblables. Dans ce raisonnement rudimentaire, le plus simple et le plus imparfait de tous, nous pouvons voir clairement que la chose rappelée, qui tient lieu de prémisse, est un rapport; que la chose conçue, qui tient lieu d'inférence, est un rapport; que la présentation d'un terme de ce rapport inféré, le feu, est suivie de la représentation de son autre terme, brûlure; que le rapport ainsi conçu ne l'est que parce qu'il y a une expérience passée du rapport entre le feu et la brûlure; et que, par suite, en vertu même des conditions de son origine, le nouveau rapport est conçu comme *semblable* à un rapport antérieurement connu. Et il est clair que les expériences se multipliant, l'acte de la pensée par lequel est atteinte la conclusion doit toujours au fond rester semblable [1]. »

Les lignes qui précèdent contiennent une esquisse de la théorie du raisonnement en général. En fait, tout raisonnement débute par une inférence provisoire. La présentation d'un objet *a* nous suggère la pensée que cet objet possède quelque attribut invisible *b*. C'est là un acte simple et spontané qui ne résulte pas d'un souvenir des rapports semblables précédemment connus, mais simplement de l'influence que ces expériences antérieures exercent sur l'association des idées. Le plus souvent, dans le cours

1. *Princip. de psych.*, 6e p., ch. 7.

ordinaire de la vie, la conclusion ainsi provoquée suffit, et nous passons à d'autres sujets. On me dit, par exemple, que M. X., qui a quatre-vingt-dix ans, se bâtit une nouvelle maison, je réponds aussitôt qu'il est absurde de bâtir à cet âge. Pour penser à la mort prochaine de M. X., je n'ai pas répété d'abord la proposition : « Tous les hommes sont mortels. » Mais l'expérience passée m'a fait lier l'idée d'une mort prochaine à l'idée du grand âge de M. X., et cette liaison a suffi pour provoquer ma réponse.

Mais si quelque doute s'élève dans l'esprit au sujet de la conclusion spontanément produite, pour le dissiper, j'ai recours à la formule générale où sont condensés tous les cas précédemment observés des rapports de a et de b. Je constate alors que le rapport particulier, objet de mon observation et de mon inférence actuelles, est semblable à ces rapports généraux, et j'en conclus que le rapport particulier est vrai. Notre raisonnement est donc l'établissement d'un rapport défini, par comparaison avec des rapports précédemment définis.

On peut prouver *à priori* que telle est l'essence du raisonnement déductif. Le contenu de toute proposition rationnelle est un rapport; en d'autres termes, toute proposition rationnelle affirme que quelque chose a été et sera conditionné ou non conditionné d'une manière déterminée. Or on ne peut penser un rapport que s'il appartient où n'appartient pas à quelque classe de rapports antérieurement connus. A ce point de vue, le raisonnement est une classification de rapports. Mais classer des rapports, c'est grouper ensemble ceux qui sont semblables et les séparer de ceux qui sont dissemblables. Par conséquent, en inférant un rapport quelconque, nous devons nécessairement le penser comme faisant ou ne faisant pas partie de quelque classe de rapports; par conséquent, le penser, c'est penser qu'il est semblable ou dissemblable à certains autres rapports connus.

On peut dire encore d'une manière plus précise : La perception est la connaissance immédiate d'un rapport entre deux choses présentées; le raisonnement est l'établissement indirect d'un rapport défini entre deux choses. Comment cet établissement est-il possible? Si un rapport entre deux choses n'est pas connu directement, il ne peut être révélé à l'esprit que par l'intermédiaire de rapports déjà connus. Le raisonnement consiste donc à établir un rapport défini entre des rapports déjà définis.

Il résulte de là que les anciennes formules du syllogisme doivent être corrigées. Pour prendre un exemple familier, quand on dit : Tous les animaux à cornes sont ruminants; cet animal a des cornes, donc cet animal est ruminant, on estime d'ordinaire qu'il y a là trois termes comparés deux à deux. C'est une erreur : l'animal considéré n'a pas les *mêmes* attributs que tous les animaux, mais des attributs *semblables*; il en résulte que le syllogisme contient quatre termes et non pas trois, et qu'il consiste à poser la similitude de deux rapports entre ces termes assemblés deux à deux. Dans le cas pris pour exemple, un premier rapport est donné entre « les attributs constituant *un* animal à cornes » et « les attributs constituant *un* animal ruminant »; un second, entre « les attributs constituant *cet* animal à cornes » et « les attributs constituant *cet* animal ruminant ». L'acte du raisonnement consiste à percevoir la similitude du second rapport au premier. Par conséquent, la formule suivante : « Le rapport entre A et B est comme le rapport entre *a* et *b,* » représente réellement notre intuition logique. Il est en effet manifeste : 1° que c'est « seulement en vertu de la *ressemblance* perçue entre A et *a* (le groupe d'attributs renfermés dans la conception d'*un* animal à cornes, et le groupe d'attributs présentés par *cet* animal particulier) qu'une conclusion peut être valide ou même suggérée ; 2° que les attributs renfermés dans le terme « ruminant » ne peuvent être connus que comme ayant été précédemment décrits ou observés, et qu'affirmer que l'animal en question les possède, c'est affirmer que ces attributs ressemblent à des attributs précédemment connus ; 3° que, dans ce cas particulier, pour affirmer un rapport de coexistence entre ces attributs et ceux qui sont signifiés par les mots « animal à cornes », il n'y a d'autre raison que celle-ci : ils *ressemblent* à certains rapports de coexistence précédemment connus ; autrement, l'affirmation n'aurait aucune probabilité, et encore moins de certitude [1]. »

Le syllogisme est donc une véritable proportion, fondée sur la *similitude ;* la probabilité de la conclusion sera plus ou moins forte selon le degré de la similitude des rapports comparés. Lorsque les choses sur lesquelles on raisonne et les rapports que l'on compare sont identiques de nature, lorsque ces rapports ont la même intensité, le raisonnement est parfait. C'est le cas pour les déterminations de l'espace, du temps, du nombre, de la force, toutes choses dont les rapports peuvent être égaux en espèce et en mesure ; de là vient la certitude particulière et la nécessité des conclusions mathématiques ; les rapports comparés étant égaux et par suite indiscernables, aucun doute

---

1. *Principes de psych.*, 6ᵉ p., ch. 7.

ne peut s'élever dans l'esprit sur la validité du résultat obtenu.

Si, en l'absence d'une intuition de coétendue, il reste coexistence et identité de nature entre les termes, identité de nature et d'intensité entre les rapports qui unissent ces termes, bien que le nombre des intuitions d'égalité impliquées dans le raisonnement soit diminué, la conclusion a cependant encore une force voisine de la certitude mathématique.

Quand le nombre des intuitions d'égalité est encore réduit, ce qui arrive lorsqu'il s'agit de phénomènes successifs, et qu'il reste seulement égalité dans la nature des choses dont on s'occupe et dans la nature des rapports comparés, la probabilité de la conclusion diminue, en proportion du nombre des égalités supprimées.

Enfin elle diminue encore lorsque les termes des rapports comparés ne sont même plus égaux. Dans ce cas, le plus fréquent de tous dans les raisonnements de chaque jour, les individus mis en rapport ne sont pas homogènes, et les rapports qui les unissent, s'ils ont même nature, n'ont pas une égale intensité.

Ainsi les diverses espèces de raisonnement se distribuent par degrés infiniment rapprochés les uns des autres entre la comparaison de rapports absolument égaux et par suite indiscernables et celle de rapports simplement analogues; mais à ces deux extrêmes, et à tous les degrés intermédiaires, le raisonnement est toujours et essentiellement l'intuition d'une similitude plus ou moins complète, plus ou moins vague.

CHAPITRE III

GEORGE BENTHAM ET HAMILTON.

I. La logique formelle, telle qu'Aristote en a posé les principes, tracé les cadres et formulé les lois, a eu, entre toutes les œuvres de l'esprit humain, une fortune singulière. Alors que les autres sciences progressent sans cesse et subissent parfois des renouvellements complets, elle est demeurée intacte pendant plus de deux mille ans, recevant à peine, de loin en loin, quelque correction de détail ou quelque accroissement sans importance. C'est seulement en ce siècle qu'on a songé pour la première fois à la soumettre à une révision totale, et qu'à la suite de cet examen on a cru y découvrir une vaste lacune dans les principes, et par suite un manque de simplicité et une ordonnance artificielle dans le développement, et qu'on a tenté d'y substituer un système complet et définitif.

II. La réforme de la logique formelle, poursuivie par les logiciens anglais du XIXᵉ siècle, a pour point de départ la théorie de la *quantification du prédicat*. Cette théorie, que nous exposerons plus loin en détail et qui consiste à donner aux prédicats de toutes les propositions une quantité déterminée, a été découverte et formulée presque en même temps par Hamilton, Thompson et de Morgan. Hamilton, dans une polémique célèbre avec de Morgan, a revendiqué la priorité de l'invention. Dès 1833, il avait reconnu la nécessité de quantifier le prédicat dans les propositions affirmatives. La théorie de l'induction, exposée par lui dans un article sur la logique, publié en avril 1833 dans la *Revue d'Édimbourg* et réimprimé dans les *Discussions* [1], repose sur ce principe. Avant 1840, il s'était convaincu de la nécessité d'étendre aux propositions négatives la quantification du prédicat [2]. Mais il avait eu un précurseur, George Bentham [3].

On a revendiqué, et avec justice, en faveur de ce dernier, l'honneur d'une découverte qui devait être l'origine de travaux mémorables [4]. Voici en effet ce que George Bentham écrivait, en 1827, sur les propositions :

1. Traduit par L. Peisse dans les *Fragments de philosophie* de sir W. Hamilton, sous ce titre *Logique*.
2. *Discussions*, append. II (A).
3. George Bentham est le neveu de Jérémie Bentham. Outre son *Outline of a New system of Logic*, publié en 1827, on a de lui un *Essai sur la nomenclature et la classification*. M. G. Bentham est un botaniste de grand mérite.
4. Stanley Jevons, *Elementary Lessons on Logic*, et Lindsay, *On recent logical speculation in England*, en appendice à la traduction du *Système de logique* d'Ueberweg, London, 1871.

« Dans lés cas où les deux termes d'une proposition sont des entités collectives, l'identité et la diversité peuvent y trouver place :

« 1° Entre l'*un quelconque* des individus désignés par un des termes, et l'*un quelconque* des individus désignés par l'autre terme. Exemple : l'identité des triangles équilatéraux et des triangles équiangles.

« 2° Entre l'*un quelconque* des individus désignés par un des termes, et l'*un quelconque d'une partie* seulement des individus désignés par l'autre. Exemple : l'identité des hommes et des animaux.

« 3° Entre l'*un quelconque d'une partie* seulement des individus désignés par l'un des termes, et l'*un quelconque d'une partie* seulement des individus désignés par l'autre terme. Exemple : l'identité des quadrupèdes et des animaux nageurs.

« Quand un terme est appliqué à l'*un quelconque* des individus désignés par un nom commun, il est universel; quand il s'applique à l'*un quelconque d'une partie* seulement de ces individus, il est partiel.

« Par suite, les propositions reviennent aux huit formes suivantes, où l'identité est exprimée par le signe $=$ et la diversité par le signe $\parallel$, l'universalité par les mots *in toto*, la particularité par les mots *ex parte* :

1. X in toto $=$ Y ex parte;
2. X in toto $\parallel$ Y ex parte;
3. X in toto $=$ Y in toto;
4. X in toto $\parallel$ Y in toto;
5. X ex parte $=$ Y ex parte;
6. X ex parte $\parallel$ Y ex parte;
7. X ex parte $=$ Y in toto;
8. X ex parte $\parallel$ Y in toto

« Mais, comme dans toute équation il n'importe pas lequel des deux membres est exprimé le premier, les deux dernières de ces trois formes sont identiques avec les deux premières et peuvent par conséquent être négligées.

« La seconde peut être aussi négligée, car la quatrième exprime la même chose d'une manière plus convenable pour le procédé déductif.

« Il reste donc les cinq formes suivantes :

1. X in toto $=$ Y in toto ;
2. X in toto $=$ Y ex parte ;
3. X in toto $\parallel$ Y $\begin{cases} \text{in toto ou} \\ \text{ex parte;} \end{cases}$
4. X ex parte $=$ Y ex parte ;
5. X ex parte $\parallel$ Y ex parte.

« Les logiciens ne font pas en général mention de la première forme, qu'ils considèrent comme inutile, et ils disent que le prédicat n'est jamais distribué, c'est-à-dire universel. C'est une méprise. Nombre d'erreurs viennent de ce que l'on considère comme synonymes des termes qui ne le sont pas en réalité ; il est par conséquent avantageux de réduire à une forme logique l'identité parfaite [1]. »

G. Bentham a donc reconnu la nécessité de donner au prédicat une quantité déterminée, égale à celle du sujet. Mais il n'a été qu'un précurseur ; les conséquences du principe qu'il posait le premier lui ont échappé ; Hamilton devait les découvrir et les systématiser [2].

1. *Outline of a new system of Logic,* ch. 8.
2. Voici en quels termes Hamilton marquait, en 1846, le but de la nouvelle analytique : « Compléter et simplifier l'ancienne analytique ; placer la clef de voûte à l'édifice d'Aristote. Dans la logique abstraite, la théorie du syllogisme en particulier reste ce que l'a laissée le génie du philosophe de Stagyre. Si elle n'a

III. En premier lieu, quelle idée Hamilton se fait-il
de la logique [1] ? Pour comprendre la définition qu'il
en donne, il faut se rappeler la distinction établie par
Kant entre la forme et la matière de la connaissance.
Toute pensée renferme deux éléments, inséparables
en fait, mais distincts et irréductibles en droit ; l'un
en est le matériel brut ; l'autre est le système des lois

pas reculé, elle a encore moins avancé. Elle contient la vérité,
mais une partie de la vérité seulement, et développée d'une
façon souvent incorrecte, complexe et confuse. Pourquoi ? Parce
qu'Aristote, par une inadvertance étonnante en lui, s'est arrêté
prématurément dans son analyse et a commencé sa synthèse
avant d'avoir complétement passé au crible les éléments qu'il
faut combiner ; par suite, le système, qui se serait développé
de lui-même avec unité et ordre, a été construit laborieuse-
ment et imparfaitement avec force limitations, corrections et
règles, qui en altèrent la symétrie et en ont grandement diminué
l'utilité. La nouvelle analytique se propose de remédier à cette
imperfection. » *Logic*, appendix VI. — De son côté, Baynes
déclare que la nouvelle analytique « justifie son titre par la
découverte et le développement, dans ses diverses relations,
d'un élément de pensée formelle, que dans toutes les analyses
précédentes on n'avait pas développé, si on ne l'avait pas méconnu. » *An Essay*, etc., p. 74.

1. Les théories d'Hamilton n'ont jamais été exposées par lui
d'une façon complète et suivie. Les *Lectures on logic* publiées
après sa mort par MM. Mansel et Veitch, 3e éd., 1874, sont loin
de contenir toute sa doctrine. Elle n'est pas davantage en entier
dans l'ouvrage de M. Baynes, *An Essay on the New Analytic of
Logical Forms*, Edinburgh, 1850, qui remporta en 1850 le prix
proposé par Hamilton, et la preuve, c'est que, dans une note trop
brève, placée à la fin de cet ouvrage, Hamilton a soin d'indiquer
quelques-uns des accroissements qu'une réflexion plus mûre
lui a fait ajouter aux théories résumées d'ailleurs avec une
grande exactitude et une grande clarté dans l'*Essay*. Il faut
donc, pour un plus ample informé, recourir au nombreux fragments publiés en appendice aux *Lectures on logic* par MM. Mansel
et Veitch. Mais ce sont souvent de courtes notes, jetées sur le
papier pour fixer, comme matière d'une réflexion ultérieure,
les pensées de l'auteur ; souvent aussi, on en ignore la date. Il
est donc difficile de démêler la pensée définitive d'Hamilton et
de l'exposer avec cette rigueur systématique qu'il se flattait
d'avoir le premier introduite en logique.

suivant lesquelles nous élaborons ce matériel pour en faire des notions, des jugements et des raisonnements. Hamilton donne le nom de pensée au second de ces éléments, à l'exclusion du premier. La pensée n'est donc pas, pour lui, l'œuvre des facultés de perception, d'imagination et de mémoire, mais uniquement celle des actes de l'entendement par lesquels nous élaborons les matériaux fournis par les facultés représentatives; la pensée est donc essentiellement comparaison, analyse et synthèse [1]; dans la conception, c'est-à-dire dans la formation des idées générales, elle compare, unit et sépare des attributs; dans le jugement, elle compare, sépare et unit des notions; enfin, dans le raisonnement, elle compare, sépare et unit des jugements. La logique est la science des lois de la pensée en tant que pensée [2]. « C'est dire qu'elle écarte

---

1. Cf. *Lect. on Log.*, Lect. I.

2. Un disciple d'Hamilton, Mansel, dans ses *Prolegomena logica*, définit aussi la logique la science des lois formelles de la pensée. La matière est tout ce qui vient du dehors à la pensée, la forme « tout ce qui est présenté *dans* et *par* l'acte de penser lui-même ». La logique n'a rien à voir au contenu de nos opérations mentales; elle n'a pas à s'inquiéter si concepts, jugements et raisonnements correspondent ou non à une réalité; son unique objet est la manière de penser, en ce qu'elle a de général. Aussi reconnaît-elle pour « logiquement valides » tous les concepts, jugements et raisonnements « qui ne sont pas en désaccord avec les lois fondamentales de la pensée », laissant à telle ou telle partie de la science naturelle à déterminer « si les mêmes produits de pensée sont garantis par le témoignage de telle ou telle expérience spéciale. » — Ainsi définie, la logique a deux fonctions, l'une *constructive*, l'autre *critique*. La logique constructive prend les trois lois formelles de la pensée, loi d'identité, loi de non-contradiction et loi du milieu exclu, et, les appliquant aux matériaux dont sont formés notions, jugements et raisonnements, elle construit formellement, c'est-à-dire en se préoccupant uniquement de leur rapport aux lois de la pensée et non de leur rapport à la réalité objective, ces trois produits de la pensée. Pour entrer en action, il faut que des

tout ce qui, de près ou de loin, tient à la matière de la connaissance, et qu'elle n'en considère que la forme commune et universelle. Elle est donc une science formelle. Elle ne s'occupe point de l'existence réelle ni de ses relations, mais seulement de cette existence et de ces relations qui se manifestent sous les conditions de la pensée et qui sont réglées par elles. Elle ne sait rien de la vérité ou de la fausseté des propositions elles-mêmes ; elle n'en tient pas compte. En logique, tout ce qui n'est pas contradictoire est vrai. La logique ne garantit ni les prémisses, ni la conclusion, mais uniquement la conséquence des premières à la dernière, car un syllogisme n'est autre chose que l'affirmation explicite de la vérité d'une proposition, dans l'hypothèse que d'autres propositions qui la contiennent implicitement sont vraies [1]. » Kant a entrevu la vraie fonction de la logique ; mais il ne l'a pas nettement et définitivement dégagée de tout ce qui n'est pas elle, en y laissant les propositions modales déter-

matériaux lui soient donnés ; ainsi elle ne saurait construire des notions sans attributs, des jugements sans notions, des raisonnements sans jugements. Mais, dans la construction des notions, son rôle se borne à voir si les attributs unis en une même notion ne sont pas contradictoires ; la validité matérielle d'une telle construction ne la regarde pas ; logiquement, la notion d'un « centaure » est aussi correcte que celle d'homme. Dans les jugements, elle recherche uniquement si les notions rapprochées et réunies ne sont pas contradictoires. Logiquement, un jugement affirmatif et un jugement négatif sont vrais, quand les notions prises comme sujet et comme attribut sont compatibles entre elles ou ne le sont pas. De même, dans les raisonnements, la logique a seulement à voir si les jugements accouplés n'ont rien de contradictoire entre eux. — La logique *critique* examine si les notions, jugements et raisonnements sont formés conformément aux lois de la pensée.

1. *Discussions*, IV. Dans le même morceau, Hamilton dit : « La logique ne considère pas les choses comme elles existent réellement et en elles-mêmes, mais seulement les formes générales de la pensée sous lesquelles l'esprit les conçoit. »

minées par la nécessité, la possibilité ou la contin-
gence du rapport qui unit le sujet et le prédicat; il ne
l'a pas ainsi complétement distinguée de la métaphysique. Il faut donc uniquement lui assigner pour objet
la forme de la connaissance. La forme, toute la forme,
rien que la forme, telle pourrait être sa devise [1].

Ainsi définie, la logique ne se confond, comme on
serait peut-être tenté de le croire, ni avec la psychologie, ni avec ce que depuis Kant on doit appeler la
critique. Toutes les phases de la pensée nous sont
connues par la conscience, et à ce titre elles semblent
ressortir toutes également à la psychologie. Mais, bien
qu'elles soient toutes unies, et que l'analyse seule
puisse les séparer, les unes sont contingentes et les
autres nécessaires. Les premières, en tant que phénomènes, appartiennent « à la science dite psychologie
empirique ou historique ». Mais quand l'abstraction
a séparé des manifestations contingentes de la pensée
« les formes nécessaires » qui en sont les lois, « il en
résulte une science qui se distingue de toutes les
autres, en ce qu'elle prend pour objet ces formes
nécessaires [2]. » Toutefois son objet n'est pas celui de
la critique. Celle-ci se propose de déterminer les conditions organiques de toute pensée, les lois fondamentales et nécessaires engagées dans toute démarche de
l'esprit. La logique, au contraire, considère non les
actes mêmes, mais les produits de l'entendement ;
aussi les lois générales auxquelles elle est soumise ne
sont-elles pas ce que Kant a appelé les formes *à priori*

---

1. Cf. Baynes, *Essay*, etc. « La logique considère la forme, et
non la matière de la pensée ; mais la forme se manifeste seulement appliquée à quelque matière ; la logique demande à pouvoir employer quelque matière dans ses exemples.. » Cf. Hamilton. *Logic*, append. VI (*b*).
2. Lect. III.

de la sensibilité, les catégories de l'entendement et les idées de la raison, mais uniquement les lois des produits de la pensée telle qu'elle a été définie plus haut[1].

IV. Ces lois fondamentales, déterminées par la nature du sujet pensant lui-même, et non par quelque chose d'extérieur à lui, car dans ce cas elles seraient contingentes, sont au nombre de trois : la loi d'identité, la loi de contradiction et la loi d'exclusion ou loi du milieu exclu[2].

La première énonce l'impossibilité de penser un concept donné et ses caractères comme réciproquement dissemblables ; il y a équivalence absolue entre un tout et la somme des parties qui le composent, entre un concept et la totalité des attributs qui le

---

1. Hamilton n'établit pas en termes exprès cette distinction entre la logique et la critique ; mais il en établit une équivalente, qui se rapporte à sa nomenclature particulière. Dans la Lect. IV du *Cours de logique*, il dit : « Quand la forme est considérée par rapport au sujet pensant, c'est-à-dire comme un acte, comme une opération, elle appartient à la psychologie phénoménale. Quand elle est considérée par rapport à ce qui est pensé, c'est-à-dire comme le produit de l'acte, elle appartient alors à la logique. » Il dit encore, *ibid.* : « La logique considère la pensée non comme l'opération, mais comme le produit de la pensée ; elle traite non de la conception, du jugement et du raisonnement, mais des concepts, des jugements et des raisonnements. »

2. Cf. Lect. IV. Dans cette leçon, Hamilton admet une quatrième loi fondamentale, qu'il appelle loi de la raison et du conséquent, ou encore loi de la raison suffisante : « La pensée d'un objet, comme actuellement caractérisé par des attributs positifs ou négatifs, n'est pas laissée au caprice de l'entendement ; mais cette faculté doit être nécessitée par tel ou tel acte déterminé de pensée, par la connaissance de quelque chose d'indépendant du procédé de pensée lui-même. Cette condition est exprimée par la loi de raison suffisante, ou loi de la raison et du conséquent. » Hamilton a-t-il reconnu plus tard que cette loi n'a rien de formel au sens où il prend ce mot? Dans ses dernières spéculations, il ne la considère plus comme une loi primitive.

constituent. Aussi peut-on dire que « toute chose est égale à elle-même » ou A = A ou A est A. C'est le principe de toute affirmation logique.

La loi de contradiction, qu'il vaudrait mieux appeler loi de non-contradiction, exige que deux assertions dont l'une nie ce que l'autre affirme ne puissent être pensées ensemble. Quand un objet est déterminé par l'affirmation d'un certain caractère, nous ne pouvons continuer à le penser comme le même objet, quand ce caractère en est nié. En d'autres termes, ce qui est contradictoire est inconcevable ; A = non A = 0, ou A — A = 0. C'est le principe de toute négation logique.

La loi du milieu exclu, principe de la disjonction logique, veut que, de deux attributs contradictoires, un seul puisse être affirmé d'une chose, et que si l'un en est explicitement affirmé, l'autre en soit implicitement nié.

V. Les lois que nous venons d'énoncer sont « les conditions du concevable ». Les nier, c'est nier la possibilité même de la pensée. Mais la logique implique en outre un postulat dont la nécessité résulte de sa définition même. Puisqu'elle a pour objet la forme, toute la forme, rien que la forme de la pensée, l'œuvre qu'elle se propose est impossible à réaliser, si on ne l'autorise pas à exprimer pleinement le sens total des notions, des jugements, des raisonnements qu'elle considère. Il peut se faire en effet, c'est une question à examiner plus tard, que le langage usuel n'exprime pas tout ce qui est contenu dans l'acte, et par suite dans le produit de l'entendement. On doit donc permettre à la logique, sous peine de la condamner à une imperfection irrémédiable, « *d'énoncer explicitement dans le langage tout ce qui est contenu implicitement dans la pensée* [1]. » Rien de plus simple et de plus légitime que cette demande. Pourtant, c'est pour ne pas l'avoir faite que les anciens logiciens n'ont donné qu'une demi-analyse de l'objet de la science.

VI. Voyons en effet ce qui résulte tout d'abord de ce postulat. Toute proposition est composée d'un sujet et d'un prédicat unis par une copule. Nous pensons le sujet avec une quantité déterminée, et c'est de cette quantité du sujet que résulte la quantité, le plus souvent exprimée, mais toujours reconnue des propositions. Mais le sujet est-il le seul terme qui soit quantifié dans la pensée? Le prédicat est-il toujours et nécessairement pensé d'une manière quantitativement indéterminée? En fait, on l'exprime le plus souvent sans y attacher un signe précis de quantité ; on dit, par exemple : Tous les hommes sont mortels, sans spécifier si l'on entend parler de *tous* les mortels ou seulement de *quelques-uns*. Pourtant il est des cas assez nombreux où le langage quantifie le prédicat. Pour cela, nous y joignons les mots *tout, quelque*, ou des équivalents de ces mots ; ou bien encore nous y attachons des formes limitatives ; nous disons, par exemple : des animaux, l'homme seul est raisonnable ; la foi seule justifie ; ou encore : sur terre, il n'y a de grand que l'homme ; dans l'homme, il n'y a de grand que l'esprit.

Sont-ce là des exceptions dans la pensée, comme ce sont des exceptions dans le langage? ou faut-il au contraire admettre que le prédicat de toute proposition est pensé avec une quantité déterminée, et que la

---

1. Cf. *Logic*, Lect. VI. Ce n'est pas là, d'après Hamilton, le seul postulat de la logique ; Cf. *Logic*, append. VI (*b*) ; mais c'est de beaucoup le plus important ; c'est celui qui contient en germe toute la nouvelle analytique. Cf. Baynes, *An Essay*, p. 4.

logique doit, par conséquent, exprimer cette quantité dans toutes les propositions qu'elle traite? Pour répondre à cette question capitale, considérons l'acte de l'entendement par lequel nous unissons un prédicat à un sujet. Une notion est l'idée de l'attribut général ou de l'ensemble des attributs généraux par lequel une pluralité d'objets individuels coïncide. Elle implique, par conséquent, la perception et la comparaison d'une pluralité d'objets, la reconnaissance en eux d'éléments semblables, et l'union subjective de ces éléments. Une notion est ainsi un tout purement idéal que l'esprit est contraint de former, pour classer dans la pensée, et séparer dans le langage, les objets variés de sa connaissance. Qu'est-ce maintenant qu'attribuer un prédicat à un sujet? C'est penser ce sujet, objet individuel ou notion, *sous* ou *dans* une notion donnée. Dire par exemple : *L'homme est un animal*, c'est placer la notion homme *sous* la notion animal.

Cela étant, quand nous plaçons ainsi un objet sous une notion, c'est-à-dire quand nous affirmons qu'il appartient à telle ou telle classe, nous devons savoir qu'il y occupe une certaine place ; autrement, nous ne serions pas autorisés à l'y faire entrer. Si, par exemple, nous ignorons que le concept *homme* occupe une certaine place dans le concept *animal*, nous ne sommes pas en droit d'affirmer le second du premier, c'est-à-dire d'introduire le premier dans le second. Il y a plus : non-seulement, pour penser un concept sous un autre, ou un objet sous une notion, nous devons savoir que l'un est partie de l'autre, mais nous devons encore déterminer exactement la portion qu'il en occupe. Toute notion est en effet une unité factice dans la pensée ; l'étendue en est égale à la somme des objets dont elle exprime les éléments communs ; d'autre part, penser un objet, c'est le faire entrer dans une notion; il en résulte que, en le pensant, nous délimitons rigoureusement l'étendue occupée par lui dans la classe à laquelle il est rapporté [1].

Le prédicat est donc toujours et nécessairement pensé avec une quantité déterminée, égale à la quantité du sujet. Aussi, en vertu du postulat de la logique, devons-nous toujours énoncer explicitement cette quantité implicitement pensée. Si, d'ordinaire, le langage ne le fait pas, c'est qu'il vise à exprimer ce qui est pensé, et non pas, si ce n'est accidentellement, la manière dont nous le pensons; c'est qu'il a affaire à la matière et non à la forme de la connaissance; de là vient qu'il élimine de l'expression tout ce qui n'est pas strictement nécessaire à l'intelligence claire de ce qui est pensé. Mais la logique doit, sous peine de faillir à sa tâche, suivre une procédure plus rigoureuse et énoncer, en toutes lettres, tout ce qui est implicitement contenu dans la pensée, et par suite assigner aux prédicats de toutes les propositions une quantité déterminée.

La *quantification du prédicat* est le principe essentiel de la nouvelle analytique; elle seule permet de donner de la science logique une complète analyse; c'est pour l'avoir ignorée ou méconnue que les anciens n'ont développé la logique que par un côté et l'ont embarrassée de règles nombreuses, inutiles et discordantes.

VII. La première conséquence de ce principe est une réforme importante dans la théorie des propositions. L'ancienne analytique admet quatre espèces de propo-

---

1. Cf. Baynes, *An Essay*, p. 5, sqq.

sitions distinguées par la qualité et la quantité : les universelles affirmatives, les particulières affirmatives, les universelles négatives et les particulières négatives. La nouvelle analytique, en quantifiant le prédicat, est conduite à reconnaître quatre espèces de propositions affirmatives et quatre espèces de propositions négatives :

1° Les affirmatives *toto-totales*, dans lesquelles sujet et prédicat sont pris dans toute leur extension. Exemple : Tout triangle est tout trilatéral.

2° Les affirmatives *toto-partielles*, dans lesquelles le sujet est pris universellement et le prédicat particulièrement. Exemple : Tout triangle est quelque figure.

3° Les affirmatives *parti-totales*, dans lesquelles le sujet est particulier et le prédicat universel. Exemple : Quelque figure est tout triangle.

4° Les affirmatives *parti-partielles*, dans lesquelles sujet et prédicat sont tous les deux particuliers. Exemple : Quelques figures équilatérales sont quelques triangles.

5° Les négatives *toto-totales*, dans lesquelles le sujet, en toute son extension, est exclu de toute l'extension du prédicat. Exemple : Aucun triangle n'est aucun carré.

6° Les négatives *toto-partielles*, où le sujet entier est exclu d'une partie seulement de l'extension du prédicat. Aucun triangle n'est quelque figure équilatérale.

7° Les négatives *parti-totales*, où une partie de la notion dénotée par le sujet est seule exclue de toute l'extension de l'attribut. Exemple : Quelque figure équilatérale n'est aucun triangle.

8° Enfin les négatives *parti-partielles*, dans lesquelles une partie de l'extension du sujet est exclue d'une partie seulement de l'extension du prédicat. Exemple : Quelque triangle n'est pas quelque figure équilatérale.

Ainsi tout jugement, et par suite toute proposition, est, au fond, une relation de quantité entre un sujet et un prédicat donnés. Dans le cas de l'affirmative, nous énonçons qu'il y a égalité entre l'un et l'autre, et toute proposition affirmative est, en dernière analyse, une équation. Dans le cas de la négative, nous énonçons, au contraire, qu'il est impossible de mettre le sujet et le prédicat en équation [1].

VIII. Il résulte de là que la doctrine ordinaire de la conversion des propositions doit être singulièrement simplifiée. Les logiciens admettent trois espèces de conversion : la conversion simple, sans modification de qualité et de quantité, pour les négatives universelles ; la conversion *par accident*, pour les universelles affirmatives : la qualité de la proposition demeure la même, mais la quantité, d'universelle, devient particulière ; enfin la conversion par *contraposition*, la plus complexe de toutes, où, en changeant mutuellement de places, sujet et prédicat deviennent négatifs, de positifs qu'ils étaient.

Une complète analyse de tous les éléments de la proposition supprime cette variété de conversions. Si

1. Les logiciens qui ont suivi Hamilton, Thompson et Spalding en particulier, rejettent les additions proposées par lui aux formes négatives. Ils font remarquer que, dans les négatives toto-partielles et parti-partielles, le prédicat est pris universellement. — Aucun homme n'est quelques classes d'animaux. Si ces classes d'animaux desquelles l'homme est exclu peuvent être spécifiquement définies, et logiquement elles peuvent l'être, la proposition revient à la forme usuelle. De même pour la proposition suivante : quelques Xs ne sont pas quelques Ys ; quelques hommes ne sont pas quelques mammifères. Si l'expression « quelques mammifères » peut être définie spécifiquement, nous retombons sur l'ancienne forme en O, où le prédicat est universel. — Cf. Thompson, *An Outline*, etc., § 78, sqq.; A. Bain, *Logiq. déd. et ind.*, trad. G. Compayré, t. I, p. 133.

le prédicat de toute proposition a une quantité déterminée, si cette quantité est précisément égale à celle du sujet, sujet et prédicat sont, dans les propositions affirmatives, comme les deux membres d'une équation. Il est donc indifférent que l'un ou l'autre soit placé à droite ou à gauche de la copule; le changement de place n'en altère pas la valeur. Si, dans les propositions négatives, le prédicat a encore une quantité déterminée, c'est-à-dire si l'assertion énonce explicitement que le sujet est exclu de tout ou partie du prédicat, peu importe, là aussi, la place de l'un et de l'autre. Il n'y a donc, d'après la nouvelle analytitique, qu'une seule espèce de conversion, la conversion *simple*.

IX. La doctrine de la quantification du prédicat, appliquée au raisonnement, semble devoir y introduire une simplification extrême. Ici, en effet, ce que la logique doit considérer dans les propositions, c'est uniquement la quantité du sujet et celle du prédicat. Si le prédicat est toujours implicitement pensé et doit être exprimé avec une quantité déterminée, si cette quantité est égale à celle du sujet, c'est-à-dire si la proposition est, en dernière analyse, une équation, tout raisonnement va de quantités égales à des quantités égales; tout syllogisme est au fond une série d'équations aux membres équivalents. Dès lors, les distinctions logiques de grand, de petit et de moyen termes, de majeure, de mineure, de figure, s'évanouissent. Le type de tout raisonnement est le suivant : A = B, B = C, donc A = C.

Hamilton n'a pas poussé sa doctrine à cette conséquence extrême [1], et il est loin de traiter, dans sa

---

1. On peut croire qu'il l'a entrevue. On lit en effet, dans un

théorie du raisonnement, les propositions comme de pures équations.

· Voici en quels termes il détermine l'essence du raisonnement : « La conclusion logique est déterminée par le rapport subjectif de raison et de conséquent, sous lequel ces termes (les termes des prémisses) sont posés dans la pensée. La notion conçue comme déterminante est la *raison* ou l'*antécédent;* la notion conçue comme déterminée est le *conséquent.* Or l'esprit ne peut penser deux notions sous la relation formelle de raison et de conséquent que dans l'un ou l'autre de ces deux modes : ou bien la notion déterminante doit être conçue comme un *tout contenant* (et par conséquent nécessitant) la notion déterminée, conçue comme la *partie* ou les *parties contenues;* ou bien la notion déterminante doit être conçue comme les *parties constituant* (et par conséquent nécessitant) la notion déterminée, conçue comme le *tout constitué* par elle [1]. » En un mot, le raisonnement va du tout aux parties, ou des parties au tout.

X. Il en résulte que l'on doit distinguer tout d'abord deux espèces de raisonnement. Considérés absolument et en eux-mêmes, tout et parties sont identiques; « mais, relativement à l'esprit, ils ne le sont pas, car, dans l'ordre de la pensée (et la logique n'a pour objet que les lois de la pensée), on peut concevoir d'abord le

---

fragment sans date de l'append. VI aux *Lect. on Logic :* « Le grand résultat de la doctrine est le suivant : touchant les proposition, sujet et prédicat; touchant les syllogismes, dans les catégoriques : termes majeur et mineur, prémisses majeure et mineure, 1re, 2e, 3e, 4e figures, et même ce que j'appelle syllogisme non figuré, sont convertibles les uns dans les autres, et toute couversion se réduit à une simple équation. »
1. *Discussions,* IV. Trad. L. Peisse, *Fragments d'Hamilton.*

tout et le diviser ensuite en ses parties par une *analyse mentale*, ou concevoir d'abord les parties et les réunir ensuite en un tout par une *synthèse mentale.* La conclusion logique est donc de deux espèces et de deux seulement : elle peut se faire soit du tout aux parties, soit des parties au tout ; et rien ne peut être le terme d'une argumentation logique qu'à titre de tout constitué ou de partie constituante ou contenue [1]. » — Le raisonnement est déductif quand il descend du tout aux parties ; quand il s'élève au contraire de la totalité des parties énumérées chacune à part au tout qu'elles constituent, il est inductif.

XI. On entend d'ordinaire par induction le procédé de l'esprit qui, d'un fait observé, conclut la loi de ce fait, ou, en termes abstraits, l'inférence du particulier au général. Pour Hamilton, un tel procédé n'a pas entrée dans la logique. La logique, en effet, n'a-t-elle pas pour unique domaine les formes de la pensée, et l'induction, telle que nous venons de la définir, même en admettant qu'elle suppose l'emploi d'une forme, — analogie de l'expérience, croyance à la stabilité des lois de la nature, ou toute autre, — ne porte-t-elle pas essentiellement sur la matière phénoménale de la connaissance ? Mais, à côté de cette induction matérielle, il est une induction formelle, entrevue par Aristote, qui doit trouver place dans la science des lois de la pensée en tant que pensée. Elle est le procédé inverse de la déduction. Celle-ci repose sur ce principe que ce qui appartient ou n'appartient pas au tout appartient ou n'appartient pas à chacune des parties constituantes. Renversons les termes de cette proposition, et nous aurons le principe d'un mode

1. *Discussions*, IV. Trad. L. Péisse, *Fragments d'Hamilton.*

inverse de raisonner purement formel : ce qui appartient ou n'appartient pas à toutes les parties constitutives d'un tout appartient ou n'appartient pas au tout constitué.

Tout raisonnement inductif peut donc et doit être mis sous forme de syllogisme. Il y a lieu d'y distinguer trois termes et deux prémisses. Ainsi :

A est B,
x, y, z est A,
Donc *x, y, z* est B [1].

La seule différence d'avec le syllogisme ordinaire, c'est que l'un des termes de la conclusion, au lieu d'être un tout ou une partie, est une énumération de parties. Il va sans dire que cette énumération doit être complète. Dans l'induction matérielle, c'est-à-dire dans celle que nous appliquons à la connaissance des lois de la nature, l'énumération de toutes les parties ou celle de tous les cas semblables est manifestement impossible. Jamais nos observations n'épuisent la somme des faits de même espèce ; pourtant nous ne laissons pas de conclure de quelques faits observés, ou même d'un seul fait, à la loi universelle qui les régit tous. Mais une telle opération n'est pas garantie par les lois formelles de la pensée. On ne saurait recevoir, en logique, sous le nom d'induction, que l'inférence de *toutes* les parties, prises à part, au tout constitué par elles. Cette induction est sans doute moins féconde que l'induction matérielle des savants. Peu importe ici ; logiquement, il existe un raisonnement des parties

---

1. « Un syllogisme catégorique inductif est un raisonnement dans lequel nous concluons de la notion de toutes les parties prises à part à la notion du tout qu'elles constituent collectivement. Ses lois générales sont identiques à celles du syllogisme catégorique déductif. » Lect. XVII.

au tout, inverse du raisonnement déductif, et, n'eût-il que de très-rares applications, il importait de le reconnaître, d'en déterminer les caractères et d'en marquer la place dans la logique formelle [1].

XII. Le raisonnement va des parties au tout ou du tout aux parties. Mais ce mot *tout* a, en logique, deux sens différents. Toute notion a deux quantités distinctes, comptées, pour ainsi dire, en sens inverse l'une de l'autre : une quantité intensive et une quantité extensive ; en d'autres termes, une compréhension et une extension, une connotation et une dénotation. La première est la somme des attributs qui peuvent en être affirmés ; la seconde, la somme des objets desquels elle peut être affirmée. Les logiciens, sauf l'exception douteuse d'Aristote, n'ont eu égard, en traitant du syllogisme, qu'à la quantité extensive ; toutes leurs règles supposent que le sujet de la proposition est considéré comme partie de la classe dénotée par le prédicat. Ce n'est là que la moitié de la vérité. Si l'on considère la quantité intensive des notions accouplées, exclusion faite de leur quantité extensive, c'est le prédicat qui fait partie du sujet. La copule *est* a donc deux sens bien différents ; à un point de vue, elle signifie que le sujet *est contenu* dans le prédicat ; à un autre point de vue, elle signifie au contraire que le sujet *contient* le prédicat. Ainsi cette proposition : L'homme est animal, peut être interprétée des deux façons suivantes : L'homme fait partie de la classe animale, et : Les attributs contenus dans la notion animale sont au nombre des attributs contenus dans la notion homme.

Il résulte de là que les expressions *grand terme* et

1. *Lect.* XXVI, *Append.* VIII, *Discus.* IV.

petit terme n'ont pas, en logique, la signification absolue qu'on leur a prêtée. Au point de vue de l'extension, le sujet de la question est le petit terme, et le prédicat le grand terme ; mais, au point de vue de la compréhension, il faut intervertir les rôles ; le sujet de la question est le grand terme, parce qu'il est un *tout plus grand* que le prédicat qu'il contient ; le prédicat devient alors le petit terme.

Il y a donc deux espèces collatérales de syllogismes : les syllogismes en compréhension et les syllogismes en extension ; ou, pour parler avec une rigueur qui n'était peut-être pas dans la pensée d'Hamilton et qui diminue l'importance de sa découverte, tout syllogisme peut recevoir deux expressions différentes, l'une en extension, l'autre en compréhension ; il suffit pour cela de traduire la copule tantôt par est *contenu dans* et tantôt par *contient*, et d'intervertir l'ordre des prémisses, puisque le petit terme en l'une de ces expressions est le grand terme en l'autre.

Ainsi le syllogisme en extension :

L'homme est mortel, c'est-à-dire : homme est contenu dans mortel ;

Pierre est homme, c'est-à-dire : Pierre est contenu dans homme ;

Donc : Pierre est mortel, c'est-à-dire : Pierre est contenu dans mortel,

devient, en compréhension :

Pierre est homme, c'est-à-dire : Pierre contient homme ;

L'homme est mortel, c'est-à-dire : homme contient mortel ;

Donc : Pierre est mortel, c'est-à-dire : Pierre contient mortel.

XIII. Ces distinctions établies, poussons plus loin l'analyse du raisonnement.

Toute inférence est immédiate ou médiate : immédiate quand elle est tirée d'une seule proposition : A est B, donc B est A ; médiate quand elle est tirée de plusieurs propositions : A est B, B est C, donc A est C.

Des inférences immédiates, les unes, telles que la conversion, la contraposition, la subalternation et l'équipollence, ont été reconnues de tout temps ; d'autres ont été méconnues et rangées indûment, sous le nom de syllogismes disjonctifs et de syllogismes hypothétiques, parmi les inférences. Ce qui a causé l'erreur, c'est que ces raisonnements se présentent avec trois propositions :

> A est B ou non-B ;
> Or A est B ;
> Donc A n'est pas non-B.
> Si A est, B est ;
> Or A est ;
> Donc B est.

Mais, à y regarder de près, ce sont là des variétés complexes de l'inférence immédiate. On y trouve, en effet, deux termes seulement ; et la proposition, qui joue le rôle de prémisse majeure, n'est autre chose que la règle générale de l'inférence, sous-entendue dans les syllogismes proprement dits. Si nous devions énoncer cette règle en tête de toute inférence médiate, un syllogisme aurait quatre propositions au lieu de trois, ou du moins les deux prémisses seraient fondues en une proposition complexe [1].

---

1. *Logic*, app. IV. Cf. app. VI : « Les syllogismes hypothétiques sont non pas des formes d'inférence médiate, mais purement des variétés complexes de l'inférence immédiate par res-

XIV. Toute inférence médiate est donc un syllogisme catégorique, affirmatif ou négatif. Tout raisonnement est précédé d'une question : A est-il B ? La
réponse à cette question est la conclusion : A est B ou
A n'est pas B. Les prémisses sont les raisons qui jus-
tifient la réponse. On voit, par suite, que les propositions constitutives d'un syllogisme peuvent être énoncées suivant deux ordres distincts. On peut immédiatement répondre à la question, et formuler ensuite les
raisons qui légitiment la réponse ; on peut en second
lieu énoncer d'abord ces raisons, puis la conclusion
qu'elles amènent. Dans le premier cas, le syllogisme
est analytique :

A est-il C ?

triction de subalternation. » — C'est la doctrine définitive d'Hamilton que les raisonnements hypothétiques et disjonctifs sont
uniquement des inférences immédiates ; mais nulle part il n'en
a donné une démonstration en règle ; du reste, il semble n'être
parvenu qu'assez tard à cette façon de voir ; le fragment d'où
sont extraits les arguments que nous avons résumés est de 1849.
— Dans les *Lectures*, les raisonnements disjonctifs, hypothétiques et hypothético - disjonctifs (dilemmes) sont considérés
comme des syllogismes et traités à la suite des syllogismes catégoriques (Lect. XVIII). — On peut suivre, dans les fragments
publiés en appendice à ces leçons, la marche de la pensée
d'Hamilton. Dans un fragment daté de novembre 1848, Hamilton
distingue trois espèces d'inférence : 1° l'inférence commutative,
raisonnement immédiat ; 2° l'inférence explicative, raisonnement hypothétique ; 3° l'inférence comparative, syllogisme catégorique. A cette époque, Hamilton pensait que l'inférence
hypothétique est médiate ; toutefois il la distinguait du syllogisme proprement dit, en ce sens que le moyen y est une proposition. Dans un autre fragment qui porte la même date, les
raisonnements conditionnels sont placés au nombre des inférences immédiates, divisées en inférences immédiates pé-
remptoires (subalternation, conversion, opposition de contradiction, de contrariété, de subcontrariété, équipollence, moda-
lité, contraposition, corrélation, identité) et inférences immédiates alternatives, renfermant les syllogismes disjonctifs et les
syllogismes hypothétiques des logiciens.

A est C,
Car A est B,
Et B est C.

Dans le second, il est synthétique :

A est-il C ?
A est B,
B est C,
Donc A est C .

Les logiciens n'ont vu jusqu'ici que le syllogisme synthétique ; c'est à lui seul que se rapportent toutes les nomenclatures. Pourtant, la forme analytique est aussi légitime que l'autre, et elle a sur elle l'avantage d'être plus naturelle. Toute question, en effet, sollicite une réponse, et n'est-il pas plus naturel de produire d'abord la réponse, au lieu de laisser l'esprit en suspens ? En outre, en procédant ainsi, on va de l'effet à la cause, et non pas, comme dans le syllogisme synthétique, de la cause, prémisses, à l'effet, conclusion [1].

XV. Jusqu'ici, les termes des syllogismes que nous avons considérés sont réciproquement sujets et attributs : mais ce n'est là qu'une fonction accidentelle ; la figure, déterminée par la position du moyen comme sujet et attribut dans les prémisses, n'est pas une forme essentielle de syllogisme. Il y a encore syllogisme, alors que les termes comparés « ne sont pas l'un avec l'autre dans la relation réciproque de sujet et d'attribut, mais sont dans la même proposition, ou sujet ou prédicat tous les deux. »

Ainsi, au lieu de dire :

A est égal à B,
B est égal à C,

---

1. *Lect. on Logic*, Lect. XV, XX, app. IX, XI.

Donc A est égal à C,

Je puis dire, synthétiquement :

A et B sont égaux,
B et C sont égaux ;
Donc A et C sont égaux ;

Ou, analytiquement :

A et C sont égaux,
Car A et B sont égaux,
Et B et C sont égaux.

C'est là ce qu'Hamilton appelle un syllogisme *non figuré* (unfigured).

Voici les types de cette forme nouvelle :

Tout C et quelques B sont (quelques) convertibles ;
Tout B et tout A sont (quelques) convertibles ;
Donc : Tout C et quelques B sont (quelques) convertibles.

Les termes comparés sont ici tous sujets.

(Quelques) convertibles sont tout C et quelques B ;
(Quelques) convertibles sont tout B et tout A ;
Donc (quelques) convertibles sont tout C et quelques A.

Ici, les termes comparés sont tous prédicats.

Il est aisé de voir que c'est là la forme la plus simple de l'inférence médiate : la différence d'extension et de compréhension des termes y est inutile, puisque, dans chaque proposition, les termes comparés sont indifféremment sujets tous les deux, ou prédicats tous les deux ; l'ordre des termes y est, pour la même raison, sans importance ; enfin, la distinction des prémisses en majeure et mineure n'y a par suite aucune raison d'être.

« Cette forme, dit Hamilton, a été ignorée des logiciens, bien qu'elle mérite autant qu'aucune autre d'être développée : en effet, elle est la clef de tout le mystère du syllogisme. Et, chose curieuse, le canon qui en est la règle, et qu'on peut appeler principe d'analogie ou de proportion, est, depuis cinq cents ans, énoncé d'ordinaire comme l'unique principe du raisonnement, alors que la forme même du raisonnement à laquelle il s'applique rigoureusement n'a jamais été généralisée. » On dit en effet, pour légitimer l'inférence déductive : deux notions qui s'accordent ou ne s'accordent pas avec une troisième s'accordent ou ne s'accordent pas entre elles. Aucune notion, aucune distinction de figure n'est impliquée dans cette règle. C'est le principe même du syllogisme *non figuré* [1].

XVI. Hamilton n'a pas développé cette forme, qu'il juge nouvelle, du syllogisme ; peut-être ne se prêtait-elle pas à de grands développements, car, dans les propositions de cette sorte : Tout C et quelques B sont quelques convertibles, et : Quelques convertibles sont tout C et quelques B, ce qui semble prédicat dans l'une et sujet dans l'autre n'est au fond que l'expression même du rapport de C et de B. Son effort a surtout porté sur la simplification, et, pensait-il, sur les corrections à introduire dans la théorie de ceux des syllogismes où les termes sont mutuellement sujets et prédicats.

Les figures du syllogisme sont déterminées par la position du moyen terme comme sujet et comme prédicat dans les prémisses. De là quatre figures possibles. Les trois premières, reconnues par Aristote, n'ont été

---

1. *Log.*, app. XI, B ; Cf. *Discus.*, app. II.

depuis lors l'objet d'aucun soupçon; la quatrième, d'invention plus récente, a souvent semblé suspecte; on ne l'a cependant pas rejetée définitivement de la science, parce qu'on n'avait pas le moyen de découvrir le vice que l'on sentait en elle. La nouvelle analytique prétend délivrer la logique de ce *monstre*.

Considérons un syllogisme de la quatrième figure :

P est M,
M est S,
Donc S est P.

Il est aisé de voir que l'ordre des prémisses et de la conclusion n'est rien moins que naturel. Dans les prémisses, P est le plus petit terme, et dans la conclusion il est le plus grand. Les deux prémisses énoncées, l'esprit attend que P soit affirmé comme partie de S; l'attente est déçue; parvenu à la conclusion, le raisonnement tourne brusquement et affirme S de P. C'est qu'il y a, des prémisses à la conclusion, un changement de quantité; les prémisses sont en quantité intensive, ou en compréhension; la conclusion est en quantité extensive, ou en extension. Il en résulte que logiquement l'inférence est invalide; elle est uniquement légitimée par la conversion occulte d'une quantité dans une autre, qui prend place, sans être exprimée, dans le processus mental. Si, dans ce raisonnement, toutes les démarches successives de l'esprit étaient exprimées comme elles doivent l'être logiquement, au lieu d'un simple syllogisme, avec une conclusion directe unique, nous aurions un raisonnement complexe, avec deux conclusions, l'une directe et immédiate, l'autre médiate et indirecte. La quatrième figure est donc un pur caprice logique [1].

1. *Log.*, Lect. XX.

Restent les trois premières. Sont-ce des formes irréductibles, ou des variations accidentelles d'un type unique? Les réponses des logiciens à ces questions sont hésitantes et même contradictoires : ils semblent voir dans les diverses figures des formes originales et primitives de raisonnement, puisqu'ils admettent qu'en chacune d'elles les conclusions sont également valides; cependant ils accordent à la première une valeur à part, puisque, en *y réduisant* les autres, ils paraissent ne reconnaître à celles-ci qu'une valeur dérivée.

La vérité, c'est que la deuxième et la troisième figure sont des raisonnements hybrides et mixtes, des formes mutilées, où tous les degrés de la déduction ne sont pas exprimés; nous parvenons à la conclusion, parce que, mentalement, par conversion et par interpolation, nous comblons les lacunes. Quand les prémisses réelles sont ainsi rétablies, le syllogisme apparaît dans sa forme native et simple, c'est-à-dire dans la première figure [1]. En veut-on des exemples?

Soit un syllogisme de la 2e figure, en *Cesare* :

Aucun P n'est M,
Tout S est M,
Donc aucun S n'est P.
Aucun homme irréfléchi n'est philosophe;
Tous les idéalistes sont philosophes;
Donc aucun idéaliste n'est irréfléchi.

Nous obtenons, par conversion, comme majeure véritable : « Aucun philosophe n'est irréfléchi, » et, en interpolant cette majeure réelle, nous avons le syllogisme suivant en *Celarent*, 1re fig. :

Aucun philosophe n'est irréfléchi;

1. Lect. XXI, XXII; Cf. Baynes, p. 58, p. 63.

Tous les idéalistes sont philosophes ;
Donc aucun idéaliste n'est irréfléchi.

Soit encore un syllogisme de la 2e figure, en
Camestres :

Tout P est M,
Aucun S n'est M,
Donc aucun S n'est P.
Tous les animaux sont sensibles,
Rien d'inorganisé n'est sensible,
Donc : Rien d'inorganisé n'est animal.

Ici les prémisses ne diffèrent de celles du syllogisme
en *Cesare* que par l'ordre où elles sont placées ; trans-
posons-les, et traitons-les de la même manière que
précédemment ; il vient le syllogisme suivant en *Celarent* (1re fig.) :

Aucun être sensible n'est inorganisé,
Tout animal est sensible,
Donc : Aucun animal n'est inorganisé.

Soit maintenant un syllogisme de la 3e figure en *Darapti ;* c'est en réalité un syllogisme de la 1re, en *Darii :*

Tout M est P,
Tout M est S ;
Mineure réelle interpolée :
Donc : Quelque S est M,
Donc : Quelque S est P.

Ainsi la seconde et la troisième figure ne tirent pas
leurs conclusions de leurs propres prémisses, mais de
prémisses réelles extraites directement des prémisses
ostensibles et intercalées mentalement entre ces dernières et la conclusion [1].

1. *Log.*, app. VI.

De là résultent certaines conséquences qu'il importe de mettre au jour.

Dans la première figure, où le moyen est sujet d'un extrême et prédicat de l'autre, il y a, de toute évidence, un terme majeur et une prémisse majeure, par suite, une conclusion directe et prochaine, et une conclusion éloignée et indirecte, obtenue par conversion de la première.

Dans la 2e et la 3e figure, il n'y a pas, à proprement parler, de grand et de petit terme, ni de prémisses majeure et mineure, puisque les deux extrêmes sont ou sujets, ou prédicats du moyen. Par suite, en chacune de ces figures, il y a deux conclusions indifférentes [1].

D'après ce qui précède, on peut voir que tous les développements du syllogisme catégorique figuré sont réglés par un canon unique, et que chaque figure a un canon spécial.

La règle générale de tous les syllogismes figurés est la suivante : « La plus faible des relations de sujet et de prédicat, qui unit, au moins une fois d'une manière positive, deux termes donnés à un même troisième, existe entre ces deux termes. » On comprend aisément qu'en ce canon soient concentrées toutes les règles de l'ancienne syllogistique. Considérons-en seulement quelques-unes.

Il est évident que la première : *Terminus esto triplex, medius majorque minorque*, y est expressément contenue. Il en est de même pour cette autre : *Pejorem sequitur semper conclusio partem*, puisque la relation finale des deux termes de la question est en quantité, et en qualité, la plus faible de celles qui, dans les

1. Lect. XXII.

prémisses, ont uni tour à tour chacun des extrêmes au moyen. Si les deux relations ont été positives, la conclusion ne peut être négative ; si l'une a été universelle et l'autre particulière, la conclusion doit être particulière. De même encore, les deux prémisses ne peuvent être négatives ; la chose est interdite par cette clause du canon, qui prescrit que l'une au moins des relations unissant les deux termes de la question au moyen soit positive [1].

Voici maintenant les canons spéciaux de chaque figure :

1ʳᵉ *figure*. — « La plus faible relation de déterminant (prédicat) et de déterminé (sujet) qui unissent, au moins une fois positivement, deux notions à une troisième, existe immédiatement entre ces deux notions. »

2ᵉ *figure*. — « La plus faible des relations de déterminé (sujet) qui existe, au moins une fois positivement, entre deux notions et une troisième, existe entre ces deux notions, prises indifféremment comme sujet ou comme prédicat l'une de l'autre. »

3ᵉ *figure* — « La plus faible des relations de déterminant (prédicat) qui existe, au moins une fois positivement, entre deux notions et une troisième, existe entre ces deux notions, prises indifféremment comme sujet et comme prédicat l'une de l'autre [2]. »

XVI. Si des figures nous passons aux modes, ce que nous avons dit plus haut de la doctrine du prédicat quantifié appliquée aux propositions fera comprendre que le nombre en est singulièrement accru dans la nouvelle analytique. L'ancienne analytique, quantifiant le sujet à l'exclusion du prédicat, reconnaissait,

1. *Log.*, app. VII, B (c). Cf. Baynes, *An Essay*, p. 53, sqq.
2. *Log.*, app. VII, B (c). Cf. Baynes, p. 67, sqq.

en quatre figures, 64 modes, dont 19 seulement étaient concluants. La nouvelle analytique, qui quantifie le prédicat au même titre que le sujet et admet ainsi quatre formes de propositions négatives et quatre formes de propositions affirmatives, est conduite à reconnaître, en trois figures, 108 modes valides, soit 12 modes affirmatifs et 24 modes négatifs en chaque figure.

En voici la table, d'après W. Thompson :

FIG. 1.		FIG. 2.		FIG. 3.	
Affirm.	Négat.	Affirm.	Négat.	Affirm.	Négat.
UUU	EUE	UUU	EUE	UUU	EUE
	UEE		UE		UEE
AYI	ηYω	YYI	OYω	AAI	ηAω
	AOω		YOω		Aηω
AAA	ηAη	YAA	OAη	AYA	ηYη
	Aηη		Yηη		AOη
YYY	OYO	AYY	ηYO	YAY	OAO
	YOO		AOO		YηO
AII	ηIω	YII	OIω	AII	ηIω
	Aωω		Yωω		Aωω
IYI	ωYω	IYI	ωYω	IAI	ωAω
	IOω		IOω		Iηω
UYY	EYO	UYY	EYO	UAY	EAO
	UOO		UOO		UηO
AUA	ηUη	YUA	OUη	AUA	ηUη
	AEη		YEη		AEη
UAA	EAE	UAA	EAE	UYA	EYE
	Uηη		Uηη		UOη
YUY	OUO	AUY	ηUO	YUY	OUO
	YEE		AEE		YEE
UII	EIO	UII	EIO	UII	EIO
	Uωω		Uωω		Uωω
IUI	ωUω	IUI	ωUω	IUI	ωUω
	IUη		IEη		IEη

NOTA. — Dans cette table, les symboles employés sont de Thompson, *An outline of the necessary Laws of Thought*, p. 188.

A est le symbole des affirmatives toto-partielles,
E » des négatives toto-totales,
η » des négatives toto-partielles,
I » des affirmatives parti-partielles,
O » des négatives parti-totales,
ω » des négatives parti-partielles,
U » des affirmatives toto-totales,
Y » des affirmatives parti-totales.

Thompson rejette, nous l'avons déjà dit, les formes η et ω.

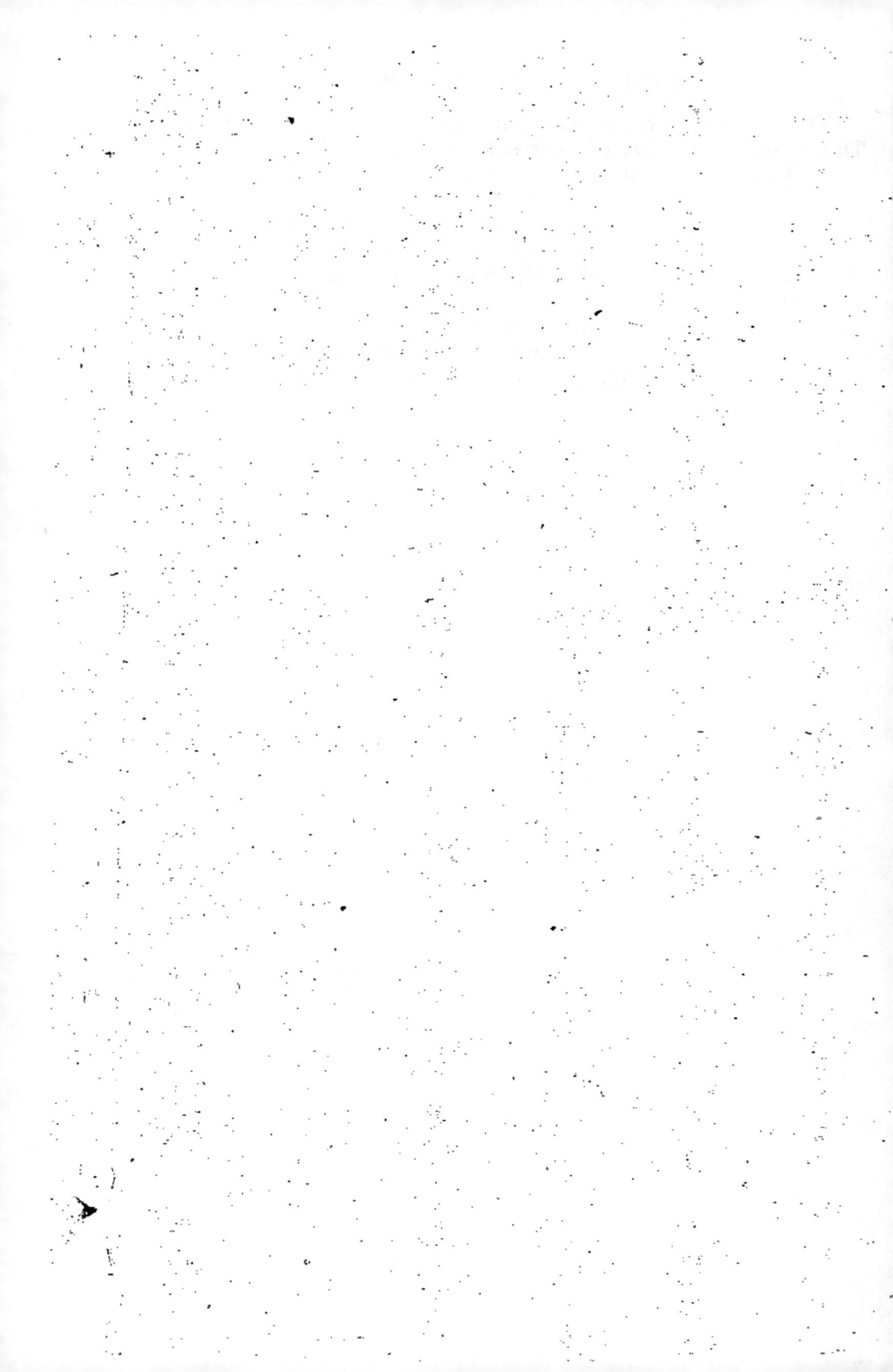

CHAPITRE IV

DE MORGAN.

I. A. de Morgan [1], un des mathématiciens les plus ingénieux et les plus féconds de l'Angleterre contem-

1. Aug. de Morgan naquit en 1806 à Madura, dans la présidence de Madras. Son père, le colonel John de Morgan, était au service de la Compagnie des Indes ; par sa mère, il descendait de James Dodson, mathématicien distingué, ami de de Moivre. — Envoyé de bonne heure en Angleterre, A. de Morgan reçut sa première instruction dans plusieurs écoles privées, et à Trinity College, à Cambridge. Il ne put prendre le grade de maître ès arts, par suite de son refus de signer les déclarations théologiques que devait faire alors tout candidat. — En 1828, il entra comme professeur de mathématiques dans l'établissement de l'Université de Londres, connu plus tard sous le nom d'University College, et il y resta, dans cette fonction, jusqu'en 1866. — Comme professeur de mathématiques, de Morgan fut sans rival. — On lui doit un très-grand nombre d'ouvrages de mathématiques ; les principaux sont : *Foundation of Algebra*, 1er et 8e vol. des *Cambridge philosophical Transactions*, ouvrage considérable qui, au témoignage de Rowan Hamilton, a ouvert la voie à la théorie des quaternions ; *Essays on Probabilities*, 1838,

poraine, n'est pas, en logique, un disciple direct d'Hamilton. S'il part, comme lui, de ce principe que la logique doit énoncer explicitement tout ce qui est
contenu implicitement dans la pensée, il aboutit à des
conséquences différentes de celles de la nouvelle analytique ; s'il pense, comme lui, que le système d'Aristote
est étroit et incomplet, les modifications qu'il y apporte, l'extension qu'il y donne lui appartiennent en
propre.

Pour lui, comme pour Hamilton, la logique est une
science purement formelle ; elle n'a rien à voir à la
matière de la connaissance ; son objet, c'est l'étude
des *lois d'action* de la pensée ; l'esprit en lui-même,
les choses en elles-mêmes lui sont également étran-
gers ; elle ne traite de l'esprit qu'en relation avec les
choses, et des choses qu'en relation avec l'esprit.

De cette définition il résulte que la logique est con-

17e vol. de *Lardner's Cyclopædia*. Voici la liste complète de ses
ouvrages de logique : *First Notions of Logic.*, 1839. — En oc-
tobre 1846, il compléta la première de ses recherches originales
dans un Mémoire inséré aux *Transactions of the Cambridge
philosophical Society* (vol. VIII, n° 29). Aussitôt s'engagea entre
lui et Hamilton une mémorable polémique, au sujet de l'indépendance de ses découvertes en logique ; Hamilton finit par
reconnaître cette indépendance. — En 1847 parut *Formal Logic,
or the Calculus of Inference necessary and probable*, 1 vol. in-8°.
— En 1850, 1858, 1860 et 1863, il publia quatre Mémoires im-
portants sur le syllogisme, dans les vol. IX et X des *Cambridge
philosophical Transactions*. — En 1860 avait paru, outre l'article
« Logic » dans l'*English Cyclopædia*, le *Syllabus of a proposed
system of Logic*.
En 1866, de Morgan quitta sa chaire, à la suite du refus du
Conseil de l'établissement où il enseignait, de nommer à la
chaire de logique et de philosophie mentale un éminent mi-
nistre unitarien. Il mourut le 18 mars 1871. — V. sur la vie et
les œuvres de de Morgan : *Monthly notices of the Royal astro-
nomical Society*, 9 février 1872, vol. XXII, p. 112, un essai de
Rangard ; *Britannica Cyclopædia*, art. *de Morgan*, par W. Stanley
Jevons.

damnée à demeurer incomplète, si, parmi les actions de la pensée dont elle a à déterminer les lois, elle fait un choix, prenant celles-ci, négligeant celles-là : toute la pensée est de son ressort, et, s'il arrive que le langage n'exprime qu'incomplétement ce qui se passe dans l'esprit, la logique doit passer outre, combler les lacunes du langage, et exprimer pleinement tout le contenu de la pensée. C'est pour avoir suivi servilement le langage, n'allant que jusqu'où il allait, sans se demander si ses limites étaient vraiment celles de la pensée elle-même, que les logiciens n'ont produit qu'un système incomplet et en partie arbitraire. On en aura la preuve manifeste, si l'on considère d'abord les premiers éléments de la pensée, les termes ou les noms qui entrent dans toute proposition et, par les propositions, dans tout raisonnement.

En toute langue, il est des noms positifs et des noms négatifs ; les uns signifient la présence, les autres l'absence de certains attributs : tels sont les termes vertébrés et invertébrés. Parfois les noms positifs et négatifs vont par paires, par couples, l'un connotant l'existence, l'autre la non-existence d'un même attribut ou d'un même groupe d'attributs ; ainsi, parfait et imparfait. Mais, le plus souvent, un nom positif n'a pas de négatif correspondant, et réciproquement. Pourtant tout nom, quel qu'il soit, divise la totalité des êtres réels et imaginables en deux groupes : ceux qui possèdent les qualités qu'il désigne, et ceux qui ne les possèdent pas. Tout nom a donc à la fois un sens positif et un sens négatif, et il peut, par suite, s'appliquer, dans un sens ou dans l'autre, aux objets les plus opposés ; le mot *homme*, par exemple, est vrai d'Alexandre et de Bucéphale, positivement du premier, négativement du second ; Alexandre était homme, Bucéphale

était non-homme. Tout terme ou tout nom a donc
dans la pensée son *contraire* ou son *contradictoire*, et
la logique, sous peine de faillir à sa fonction, doit les
exprimer tous les deux. Les termes iront donc par
couples : homme, non-homme ; arbre, non-arbre, etc.,
et chaque couple épuisera la totalité des êtres. Symboliquement, les noms contraires seront exprimés, les
positifs par les lettres majuscules, les négatifs par les
lettres minuscules correspondantes : X, x, Y, y, etc.

Mais si, en fait, chaque nom subdivise la totalité des
êtres en deux groupes distincts, chacun de ces groupes
peut à son tour être considéré comme une totalité divisible en même manière. Si au lieu de l'univers entier je considère l'*univers* humanité, le nom Anglais
le subdivise en deux groupes : les Anglais d'une part,
et les non-Anglais de l'autre, et ainsi de suite, jusqu'à
ce qu'on aboutisse à ceux des noms qui ne désignent
qu'un seul individu, et encore pourrait-on dire que
ces noms individuels ont la même fonction, puisqu'ils
mettent l'individu désigné à part de tous les autres
individus réels ou possibles. — Nous verrons bientôt,
en traitant des diverses espèces de propositions, les
conséquences de cette analyse des noms contraires.
Notons déjà qu'elle conduit à effacer théoriquement
toute différence entre les propositions affirmatives et
les propositions négatives. Si je dis : Aucun A n'est B,
c'est un accident du langage ; c'est que ma langue n'a
pas de nom exprimant le contraire de B. En effet, b
étant le nom de non-B, dire : Aucun A n'est B, c'est
dire : Tout A est b. On pourrait même soutenir que la
particularité de certaines propositions est un accident
de même sorte, fruit de la pénurie de nos langues. Si
par exemple, dans une langue, les As n'ont pas de nom
spécial, mais sont uniquement désignés comme étant

quelques individus de la classe C, au lieu de dire : Les As sont Bs, je dirai : Quelques Cs sont Bs [1].

II. Les termes s'unissent en propositions ; le trait d'union entre eux est la copule. Il importe au plus haut point de déterminer nettement le sens formel de la copule. — Les copules sont très-nombreuses et de significations très-diverses ; pour les analyser toutes, il faudrait écrire une encyclopédie. Toutefois l'unité de la science logique prouve que ces significations se laissent réduire à quelques types fondamentaux et présentent des caractères communs ; autrement, il y aurait autant de logiques qu'il y a de copules différentes. Quelles sont donc les conditions copulatives nécessaires au raisonnement ?

On se sert du mot *est* pour unir des noms, des idées et des objets. — Si je dis : L'*homme* est *animal*, en considérant uniquement les deux termes de la proposition comme des noms, elle signifie que les noms homme et animal sont *applicables* aux mêmes individus, c'est-à-dire que le nom animal doit être appliqué à toute chose à laquelle s'applique le nom homme. — Si je considère les deux termes de cette proposition non plus comme des noms, mais comme des idées, elle signifie la *possession* par l'idée d'homme de tous les caractères désignés par l'idée d'animal ; c'est le point de vue de l'ancienne logique. — Si maintenant je considère ces mêmes termes par rapport aux objets particuliers auxquels ils s'appliquent, *est* signifie l'identité ; l'homme est un animal veut dire : chaque homme individuel est un animal ; touchez-le, vous touchez un animal ; détruisez-le, vous détruisez un animal. — Ces trois sens sont loin d'être réciproques ; par exemple, le

1. *Formal Logic*, ch. 2.

est signe d'identité ne peut s'appliquer au nom *homme* et au nom *animal;* comme noms, ce ne sont pas deux choses identiques; il ne s'applique pas davantage aux idées homme et animal; comme idées, homme et animal ne se confondent pas l'un avec l'autre.

Pourtant ces trois sens doivent avoir quelques propriétés communes ; sans quoi l'inférence en général serait impossible, et l'esprit serait réduit à des associations et à des consécutions empiriques. Les logiciens ont jusqu'ici soutenu que les trois lois de la pensée, loi d'identité, loi de contradiction et loi du milieu exclu, sont les uniques fondements du raisonnement. Mais, sans nier la vérité de ces lois et la fonction qu'elles remplissent dans le passage d'une proposition à une autre, peut-on soutenir avec vraisemblance que ce sont elles qui rendent possible le progrès de la pensée dans le raisonnement? Si elles étaient seules, ne nous laisseraient-elles pas plutôt confinés dans la première notion présente à l'esprit; de ce qu'une chose est elle-même, de ce qu'elle ne peut pas, sans contradiction, être son contraire, de ce qu'entre elle et ce contraire il n'y a pas de milieu, suit-il que nous puissions distinguer cette chose d'une autre? Pourtant la marche en avant du raisonnement exige une telle distinction. Il faut donc reconnaître que la copule *est*, malgré la diversité des acceptions qu'elle peut recevoir, a en elle-même des caractères propres, sans lesquels la liaison des propositions en raisonnements serait impossible [1].

Ces propriétés générales sont la *convertibilité* et la *transitivité*. Pour plus de clarté, considérons une proposition dont les deux termes soient singuliers : « Cet A est ce B. » Une telle proposition, on le voit aisément,

1. *Form. Log.*, ch. 3.

est indifférente à la conversion ; cet A est ce B et ce B est cet A sont propositions de même sens également, vraies ou également fausses. — Rapprochons maintenant de la proposition : « Cet A est ce B, » cette autre : « Cet A est ce C ; » une troisième proposition sort aussitôt de ce rapprochement : « Ce B est ce C. » En d'autres termes, si une chose est dans une relation donnée avec une seconde et une troisième chose, ces deux dernières sont entre elles dans la même relation. Sans ce double caractère de la copule, le raisonnement est impossible. Un grand nombre des copules usitées sont à la fois convertibles et transitives ; telles sont : est identique à, est égal à, est lié à, est le frère de, est le cousin de, s'accorde avec, etc. ; toutes celles que nous pouvons imaginer, et qui satisferont à la double condition de la convertibilité et de la transitivité, entreront dans toutes les formes de l'inférence [1].

On objectera sans doute qu'il est des copules non convertibles, — est père de, est oncle de, est supérieur à, est plus grand que, donne à, etc., — qui cependant ne laissent pas d'entrer dans des raisonnements dont la validité est incontestable, et dont les résultats apparaissent à l'esprit aussi rapidement que ceux du syllogisme le plus simple : A est plus grand que B, B est plus grand que C, donc A est plus grand que C. — Mais il est à remarquer que ces copules ont toutes le caractère transitif, c'est-à-dire qu'elles permettent le passage d'un terme à un terme différent. En outre, chacune d'elles a une copule corrélative, — est fils de, est neveu de, est inférieur à, est plus petit que, reçoit de, etc., — et alors les propositions converses, comme A est B et B est A, sont remplacées par une paire de propo-

1. *Mémoire* n° IV.

sitions corrélatives : A est père de B, B est fils de A ; A est plus grand que B, B est plus petit que A ; A donne à B, B reçoit de A, etc., grammaticalement et réellement distinctes, mais logiquement équivalentes, puisqu'elles renferment les mêmes termes unis par des copules corrélatives.

Il suit de là que, logiquement, toute énonciation doit être ramenée à l'identité. Quand je dis : « Jean est homme, » j'entends que Jean est un des objets individuels qui sont appelés hommes. Une telle interprétation semble impossible quand le prédicat est le nom d'une notion abstraite ; mais cette impossibilité n'est qu'apparente. Quand je dis : « Ce tableau est beau, » la phrase est incomplète, car beau est seulement un attribut, une référence idéale à une classification faite par l'esprit ; un tableau, étant un objet matériel, ne peut pas être autre chose qu'un objet, ne peut pas à proprement parler appartenir à une notion abstraite. Un substantif est donc impliqué dans le sens complet du prédicat, substantif dont l'extension totale est partagée en deux par le prédicat et son contraire. C'est ici œuvre d'art, ou création de l'esprit, ou chose, toutes classes d'individus qui peuvent être distribués en beaux et non beaux. Aussi la logique s'occupe-t-elle exclusivement des noms et non des idées ou des choses auxquelles ces noms appartiennent. A ce point de vue, que de Morgan appelle *onymatique*, la proposition est l'affirmation ou la négation de la concomitance de deux noms, et les copules sont convertibles et transitives [1].

III. Quelles sont maintenant les diverses espèces de

---

1. *Syllabus*, 112 ; *Form. Log.*, ch. 4 ; *Mém.* n° V.

propositions ? — Rappelons-nous ce qui a été dit plus haut sur la contrariété des noms. La négative est ce qui reste quand on a enlevé la partie positive d'un tout. Si U = la totalité considérée, X la partie positive de cette totalité, U — X est la négative de X. Représentons-la symboliquement par x, alors X et x seront les deux contraires dans une totalité donnée; non-X est x, et non-x est X.

Nous aurons donc, au lieu des deux termes X et Y, les quatre termes X, Y, x, y. « Par suite, au lieu d'une seule couple X, Y, pouvant prendre les quatre formes de prédication A, E, I, O, nous avons quatre couples distinctes : X, Y ; X, y ; x, Y ; et x, y. Chacune d'elles peut se présenter sous la forme A, ou sous les formes E, I ou O. Conséquemment, il y a seize arrangements possibles. Après examen cependant, huit de ces combinaisons apparaissent comme n'étant que la répétition des huit autres.

« Nous pouvons exposer l'opération ainsi qu'il suit :

« Prenons d'abord A, ou l'affirmative universelle, et les quatre couples seront :

1° Tout X est Y (forme ordinaire).
2° Tout X est y (non Y).
3° Tout x (non X) est Y.
4° Tout x (non X) est y (non Y).

« La seconde forme : Tout X est y (non Y), est la même que E dans le vieux système : Aucun X n'est Y.

« La troisième : Tout x (non X) est Y, est la même que aucun non-X n'est non-Y ; rien n'est à la fois non-X et non-Y ; toute chose est ou bien X ou bien Y. Aucun non-esprit n'est non-matière ; toute chose est ou bien esprit ou bien matière. C'est là une forme nouvelle.

Elle signifie que toute chose est dans X ou dans Y (ou dans les deux à la fois).

« La quatrième : Tout x (non X) est y (non Y), — tous les non-mortels sont non-hommes, — est la même chose que : Tout Y est X, une forme qui n'a de nouveau que la transposition des symboles.

« Prenons maintenant les quatre couples qui correspondent à l'affirmation particulière I :

Quelque X est Y.
Quelque X est y (non Y).
Quelque x (non X) est Y.
Quelque x (non X) est y (non Y).

« La première est la forme ordinaire; la seconde, la négative particulière; la troisième : Quelque non-X est Y, peut être transformée en : « Quelques Ys sont non-Xs, » ou bien : « Tous les Xs sont quelques non-Ys; » dans ces termes, elle est reçue parmi les formes additionnelles. La dernière : « Quelque non-X est non-Y, » « Quelques choses ne sont ni Xs ni Ys, » tous les contraires de X sont les contraires de Y. L'infanterie n'est ni artillerie ni cavalerie : la négative de X (cavalerie) est la négative de Y (artillerie), c'est-à-dire l'infanterie.

« La même méthode, appliquée aux négatives universelles et particulières, complète l'exposition et nous donne une nouvelle forme déjà notée :

Quelque Y est non-X,
laquelle, comme la forme :

Tout Y est X,
est simplement due à la transposition des lettres de O.

« Ainsi, outre les vieilles formes fondamentales A, I, E, O, nous aurons quatre autres formes :

1º Chaque Y est X.

2º Quelque Y est non-X.

3º Toute chose est ou bien X ou bien Y.

4º Quelques choses ne sont ni X ni Y [1]. »

Mais les deux premières ne sont que les formes A et O avec les termes transposés. Il y a donc, en dernière analyse, six propositions entre X et Y, six entre x et y, six entre X et y, et six entre x et Y.

Mais ces vingt-quatre modes de proposition sont réductibles à huit d'entre eux, ainsi que le montre le tableau suivant :

Tout X est Y	= Aucun X n'est y	= Tout y est x.
Quelque X n'est pas Y	= Quelque X est y	= Quelque y n'est pas x.
Aucun X n'est Y	= Tout X est y	= Tout Y est x.
Quelque X est Y	= Quelque X n'est pas y	= Quelque Y n'est pas x.
Tout x est y	= Aucun x n'est Y	= Tout Y est X.
Quelque x n'est pas y	= Quelque x est Y	= Quelque Y n'est pas X.
Aucun x n'est y	= Tout x est Y	= Tout y est X.
Quelque x est y	= Quelque x n'est pas Y	= Quelque y n'est pas X.

Il y a donc huit types irréductibles de propositions :

1º Tout X est Y.

2º Quelque X n'est pas Y.

3º Aucun X n'est Y.

4º Quelque X est Y.

5º Tout Y est X.

6º Quelque Y n'est pas X.

7º Toute chose est ou X ou Y.

8º Quelques choses ne sont ni Xs ni Ys [2].

Ce sont là toutes propositions simples. Prenons-en deux au hasard; il est clair que : ou bien elles ne peuvent coexister ensemble, — l'une est fausse quand

1. A. Bain, *Log. ded. et ind.*, trad. Compayré, liv. I, ch. 3.
2. *Syllab.*, 24, sqq.

l'autre est vraie; — ou bien, quand l'une est vraie, l'autre doit l'être aussi; ou bien l'une peut exister avec ou sans l'autre.

Ainsi, l'affirmative universelle ne peut coexister avec la négative universelle ou la particulière négative; tout X est Y exclut nécessairement aucun X n'est Y et quelque X n'est pas Y. — Mais l'existence de l'universelle affirmative implique nécessairement la particulière affirmative; de ce que tout X est Y, il suit nécessairement que quelque X est Y. — Enfin l'affirmative et la particulière négative peuvent coexister ou non; quelque X est Y, quelque X n'est pas Y, sont dans un état de concomitance indifférente.

Cela posé, de Morgan appelle *proposition complexe* toute proposition « qui implique en elle-même l'affirmation ou la négation de chacune des huit propositions simples ». Si les huit propositions simples étaient toutes concomitantes, il y aurait deux cent cinquante-six cas possibles de la proposition complexe; mais il est loin d'en être ainsi. — Supposons, pour illustrer la définition précédente, que les noms X et Y soient unis de telle façon qu'aucune des quatre universelles ne soit vraie; alors les quatre particulières sont vraies; c'est là une proposition particulière complexe. — Si au contraire l'une des quatre universelles est vraie, alors cinq autres propositions sont établies ou par affirmation, ou par négation, et en outre on a deux propositions concomitantes, contradictoires, dont l'une seulement est vraie. Soit, par exemple, l'universelle affirmative : Tout X est Y; les négatives universelle et particulière sont écartées, comme incompatibles avec Tout X est Y; la particulière affirmative est établie, comme comprise dans Tout X est Y; et le concomitant indifférent est Tout Y est X. Tout Y est X peut donc

coexister avec tout X est Y; prises ensemble, ces deux
propositions donnent la proposition complexe : Tout
X est Y et Tout Y est X [1]. « Or c'est là, dit M. Bain, la
proposition affirmative universelle d'Hamilton, avec un
prédicat dont la quantité est universelle : Tous les Xs
sont tous les Ys. De telle sorte que, d'après de Morgan,
cette forme n'a pas droit à être comptée parmi les propositions simples ou fondamentales; elle est une proposition complexe ou composée, qui dérive des formes
simples, par les procédés indiqués. Il appuie cette
théorie sur cet argument que la proposition en question n'admet pas une simple négation; elle est contredite soit par : quelques Xs sont non-Ys, soit par : quelques Ys sont non-Xs; c'est-à-dire par l'expression
disjonctive : ou bien quelques Xs sont non-Ys ou
quelques Xs sont non-Xs; et il n'est pas nécessaire de
déterminer laquelle de ces deux propositions doit être
mise en avant, de telle sorte que la contradiction est
ambiguë et incertaine [2]. »

Dans sa *Logique formelle*, de Morgan attache une
grande importance aux propositions complexes, car il
soutient, non sans raison, que les propositions usuelles
sont ordinairement complexes, une des propositions
simples qui les constituent étant exprimée, et l'autre
sous-entendue.

IV. Nous avons vu que, au point de vue appelé par
de Morgan *onymatique*, la proposition est uniquement
l'union de deux noms comme marques du même objet.
Les relations onymatiques entre deux noms donnés et
leurs contraires sont les suivantes :

1. *Form. Log.*, ch. 4.
2. A. Bain, *loc. cit.*

X et Y ont une application commune ;

X et Y n'ont pas d'application commune ;

X et y ont une application commune ;

X et y n'ont pas d'application commune ;

x et y ont une application commune ;

x et y n'ont pas d'application commune ;

x et Y ont une application commune ;

x et Y n'ont pas d'application commune.

Il suit de là que la proposition onymatique n'a pas par elle-même de quantité ; il suffit qu'elle porte sur un seul objet [1]. Comme conséquence, le syllogisme onymatique doit s'énoncer ainsi :

A et B ont une application commune ;

B et C ont une application commune ;

Donc A et C ont une application commune,

Et cela en vertu du caractère transitif de la copule dans les propositions onymatiques.

En d'autres termes :

Cet A est ce B ;

Ce B est ce C ;

Donc cet A est ce C.

C'est là ce que de Morgan appelle le *syllogisme-unité* [2].

Mais, en fait, le plus souvent, la proposition s'applique à une multitude d'objets désignés par le même nom ; elle a alors une quantité indiquée par les mots *tout* et *quelque*. Quel est le sens rigoureux de ces mots ?

Les logiciens modernes emploient *tout* et *quelque*, comme si ces mots désignaient des grandeurs géomé-

---

1. *Mém.* n° V.
2. *Syllab.*, 34.

triques plutôt que des quantités numériques ; ils parlent de l'extension *totale*, et d'une *partie* de l'extension d'un genre donné, laissant entendre par là qu'un genre est une totalité divisible en parties ou espèces. Aussi arrive-t-il que leur langage est ambigu. S'ils ont, par exemple, à considérer des *carrés blancs*, tout A est B et quelque A est B peuvent signifier, dans leur pensée : Tout le carré est blanc, et Quelque partie du carré est blanche, aussi bien que Tous les carrés sont blancs, et Quelques carrés sont blancs. La vérité, c'est que la quantité universelle et la quantité particulière se réfèrent au nombre des cas impliqués dans l'énonciation. Quand je dis : Tout A est B, j'entends que le premier A est un B, le second A, un B également, le n^e A, un B. Quand je dis : Aucun A n'est B, j'entends que ni le premier, ni le second, ni le n^e A ne sont ni le premier, ni le second, ni le n^e B. De même, quand je dis : quelque A est B, j'entends que un A au moins est un B ; quand je dis : quelque A n'est pas B, j'entends que un A au moins n'est ni le premier, ni le second, ni le n^e B. Au point de vue de la quantité, la proposition a donc un sens purement numérique.

Il résulte de là que les propositions universelles et particulières sont une somme de propositions-unité, c'est-à-dire de propositions singulières. La *forme cumulaire* de la proposition n'est donc pas primitive et irréductible ; la *forme exemplaire* la précède et en est l'élément.

De Morgan appelle *exemplaire* toute proposition qui porte sur un cas unique et peut être par suite la prémisse d'un syllogisme-unité, comme cet X est un Y, cet X n'est pas un Y quelconque ; elle porte donc sur un exemple ; de là son nom. Mais elle peut aussi porter sur un nombre illimité ou limité d'exemples ; ainsi chaque X est chaque Y; quelque X est quelque Y. Dans ces cas, la quantité des logiciens est remplacée par un *mode de sélection;* dans le premier cas, il y a sélection *illimitée;* quels que soient l'X et l'Y que vous considériez, cet X est cet Y; dans le second cas, il y a sélection *vaguement limitée;* parmi tous les cas de X et de Y, il en est un au moins dans lequel X et Y n'ont pas d'application commune [1].

Si l'on adopte cette façon de voir, les formes des propositions seraient modifiées de la manière suivante :

1° Un X quelconque est un Y quelconque.

2° Quelque X n'est pas quelque Y.

3° Un X quelconque est quelque Y.

4° Quelque X n'est pas un Y quelconque.

5° Quelque X est n'importe quel Y.

6° Un X quelconque n'est pas quelque Y.

7° Un X quelconque n'est pas un Y quelconque.

8° Quelque X est quelque Y.

C'est cette table des formes exemplaires de la proposition qu'Hamilton déclarait une monstruosité mort-née. De Morgan s'est appliqué à montrer que cette monstruosité prétendue était le développement des vues véritables d'Aristote. C'est, dit-il, une question de fait. Les anciens se servaient-ils du singulier ou du pluriel? Disaient-ils : chaque, chacun, un quelconque, quelque, ou tous, quelques. Les modernes disent « Tout homme ». Mais « Tout homme est animal » est une mauvaise traduction du latin « Omnis homo est animal » et du grec « πᾶς ἄνθρωπος ζῷον ». *Omnis* signifie *chacun;* le tout divisible en parties se dit *totus.*

---

1. *Syllab.*, 54, 74.

Si, en grec, πᾶς a les deux sens d'ὅλος et d'ἕκαστος, il est incontestable qu'en logique il veut dire ἕκαστος, et la preuve, c'est qu'Aristote, dans les Premiers Analytiques, emploie tous ses quantitatifs au singulier ; il définit, par exemple, l'universel, ce qui appartient à *chaque-un*, ou à *non-aucun*, τὸ παντὶ ἢ μηδενί, et le particulier, ce qui appartient à *quelque-un*, ou *non à chaque-un*, τὸ τινὶ ἢ μὴ παντί.

D'ailleurs cette forme exemplaire est depuis longtemps connue des géomètres. Toutes les propositions d'Euclide portent sur un seul cas, et, si la preuve a force démonstrative, c'est que, dans le *raisonnement exemplaire*, l'esprit ne saisit rien qui empêche que *quelque-un* puisse devenir *un quelconque* [1].

V. Arrivons maintenant aux divers types du syllogisme. On peut les énoncer soit sous forme exemplaire, soit sous forme cumulaire, au singulier ou au pluriel. Mais le type primordial est le *syllogisme unité :*

Cet X est cet Y,
Cet Y est ce Z,
Donc cet X est ce Z,

Qui peut encore s'écrire :

Cet X est cet Y,
Ce Z est cet Y,
Donc cet X est ce Z,

Car la copule, dans les propositions onymatiques, étant convertible, toute distinction de figures disparaît.

Tous les syllogismes peuvent être dérivés des combinaisons suivantes :

1. *Mém.* n° IV.

1º Tous les Xs sont Ys ; tous les Ys sont Zs ; donc tous les Xs sont Zs. — Ici le syllogisme-unité : cet X est Y, ce même Y est Z, est répété autant de fois (forme cumulaire) qu'il y a d'Xs existant dans l'*univers* considéré.

2º Quelques Xs sont Ys ; tous les Ys sont Zs ; donc quelques Xs sont Zs. — Ici le syllogisme-unité est répété autant de fois qu'il y a d'Xs dans la première prémisse.

3º Quelques Xs sont tous les Ys ; quelques Ys sont Zs ; donc quelques Xs sont Zs. — Au point de vue de la forme, c'est le cas précédent avec inversion.

4º Quelques Xs sont tous les Ys ; tous les Xs sont Zs ; donc quelques Xs sont Zs, autant qu'il y a d'Ys dans l'*univers* considéré.

Voilà les quatre couples possibles de prémisses affirmatives, en négligeant toute détermination des termes contraires. Or toutes les négations peuvent être réduites à des affirmations portant sur les contraires ; par suite, l'application des quatre cas ci-dessus nous donnera toutes les formes possibles de syllogismes valides.

Appliquons la forme 1 aux huit variétés XYZ, xYZ, xyZ, xyz, xYz, ZYz, Xyz, XyZ, et nous obtenons huit formes de syllogismes universels, c'est-à-dire à prémisses universelles, avec une conclusion universelle.

Appliquons à ces mêmes variétés la forme 2, et nous avons huit syllogismes mineurs particuliers, c'est-à-dire dans lesquels la première prémisse (mineure) est particulière, ainsi que la conclusion.

Si nous appliquons à ces variétés la forme 3, nous obtenons huit syllogismes majeurs-particuliers, c'est-à-dire où la seconde prémisse (la majeure) est particulière, avec une conclusion particulière.

Enfin, appliquant aux mêmes variétés la forme 4, nous

avons huit syllogismes avec prémisses universelles et conclusion particulière ; — en tout, trente-deux combinaisons syllogistiques donnant des conclusions valides [1].

Le criterium de la validité de l'inférence est donc celui-ci : il y a inférence : 1° quand les deux prémisses sont universelles ; 2° quand une prémisse seulement étant particulière, le moyen terme a des quantités différentes dans les deux prémisses.

VI. De Morgan maintenait donc l'antique règle :

Nil sequitur geminis e particularibus unquam.

Cependant, et c'est une de ses tentatives les plus originales, il a soumis à des règles rigoureuses les cas où une conclusion légitime peut être tirée de propositions regardées d'ordinaire comme particulières. Il y a été conduit par sa théorie de la proposition numériquement définie. Tout X est Y signifie, nous l'avons vu, que l'un quelconque des Xs est l'un quelconque des Ys ; quelque X est Y signifie que l'un des Xs, au moins, est l'un des Ys ; la sélection des cas est illimitée dans la première proposition, vaguement limitée dans la seconde ; mais si au *quelque* on substitue un nombre déterminé, comme 40 ou 50, on obtient une proposition que les anciens logiciens auraient rangée parmi les propositions particulières, puisqu'elle ne porte pas sur tous les cas possibles du sujet, et qu'il faut cependant en distinguer, puisque la quantité en est numériquement limitée. De telles propositions peuvent former des raisonnements concluants, qui ne rentrent dans aucune des formes de syllogisme jusqu'ici déterminées. Ce sont les syllogismes numériquement définis.

1. *Syllab.*, 36 à 40.

Soient, par exemple, ces deux prémisses : « la plupart des Xs sont Ys ; la plupart des Xs sont Zs » ; on peut en conclure avec certitude que quelques Ys sont Zs ; en effet, les deux portions de la classe Y, dont l'une est plus grande que l'autre, doivent nécessairement se composer en partie des mêmes individus. — Si l'on connaît exactement la proportion de « la plupart » de chaque prémisse avec la classe X tout entière, la conclusion sera déterminée avec une rigueur mathématique. Si, sur 100 Xs, 60 sont Ys, et 70 sont Zs, 30 au moins doivent être à la fois X et Z [1].

Voici en quels termes de Morgan résume, dans son *Syllabus*, ses vues sur le syllogisme numériquement défini:

Soit u le nombre total des individus désignés; soit x, y, z les nombres respectifs des Xs, des Ys et des Zs ; $u - x, u - y, u - z$ seront les nombres des xs, des ys et des zs, c'est-à-dire des non-Xs, des non-Ys, et des non-Zs. Admettons que mXY signifie que mXs (ou plus) sont Ys; mXy signifiera que mXs ou plus sont ys, ou non-Ys, et mYX et myX auront la même signification que mXY et mXy. — Certaines propositions seront nécessairement vraies en vertu de la constitution de la totalité considérée. Ainsi, dans un total de 100 cas dont 70 sont Xs et 50 Ys, la proposition 20 Xs sont Ys est nécessaire. — Égalons à 0 toute quantité négative ; $(6 - 10) XY$ signifiera alors aucun X (ou plus) n'est Y. La quantification du prédicat est inutile; dire que mXs se trouvent parmi nYs, c'est dire la même chose que mXs se trouvent parmi mXY. Dire qu'aucun mXs ne se trouve dans un lot de nYs est une proposition bâtarde, à moins que

[1]. *Form. Log.*, ch. 8.

$m + n$ ne soit plus grand que x et y à la fois, auquel cas il est purement équivalent à $(m + n - y)$ Xy et à $(m + n - x)$ Yx.

Dans mXY, la partie bâtarde, s'il y en a, est $(x + y - u)$ XY, la partie légitime est $(m + u - x - y)$ XY. Pour chaque cas de la dernière-expression, il doit y avoir un x qui est y.

Les propositions suivantes sont identiques paire par paire :

$$m\text{XY} = (m + u - x - y)\, xy,$$
$$m\text{X}y = (m + y - x)\, y\text{Y},$$
$$mx\text{Y} = (m + x - y)\, \text{X}y,$$
$$mxy = (m + x + y - u)\, \text{XY}.$$

De mXY et nYZ, nous inférons $(m + n - y)$ XZ ou son équivalent $(m + n + u - x - y - z)\, xz$. Les quatre formes suivantes renferment tous les cas possibles des syllogismes de cette sorte :

1° mXY,
   nYZ,
   $(m + n - y)$ XZ.
2° mXy,
   nYZ,
   $(m + n - x)\, x$Z.
3° mXY,
   nyZ,
   $(m + n - z)$ Xz.
4° mXy,
   nyZ,
   $(m + n + y - x - z)\, xz$.

Quand l'un ou l'autre des termes de la conclusion est changé en son contraire, les changements correspondants sont faits dans les formes de l'inférence.

Ainsi, pour trouver l'inférence de mxy et nyZ, nous devons, dans la 4ᵉ forme, écrire x au lieu de X, z au lieu de Z, X au lieu de x, Z au lieu de z, $u - x$ à la place de x, et $u - z$ à la place de z [1].

A vrai dire, les syllogismes à quantité numériquement définie se rencontrent rarement dans le cours ordinaire de la pensée. Mais souvent le nombre des cas d'un terme est égal au nombre total des cas de l'autre terme. Par exemple, pour chaque Z, il y a un X, qui est Y; quelques Zs ne sont pas Ys. Ici, nous avons zXY et nyZ, d'où $(z + n - z)$ Xz et $(z + n - x)$ xZ. « Pour chaque homme, dans la maison, il y a une personne qui est âgée; quelques hommes ne sont pas âgés; d'où il suit que quelques personnes dans la maison ne sont pas des hommes. » C'est là ce que de Morgan appelle un syllogisme à *quantité transposée* [2].

Des termes usités dans le langage ordinaire, le seul qui donne naissance aux syllogismes dont nous venons de parler est « la plupart » :

La plupart des Ys sont Xs;
La plupart des Ys sont Zs;
Donc quelques Xs sont Zs.
La plupart des Ys sont Xs;
La plupart des Ys ne sont pas Zs;
Donc quelques Xs ne sont pas Zs.
La plupart des Ys ne sont pas Xs;
La plupart des Ys ne sont pas Zs;
Donc quelques choses ne sont ni Xs ni Zs.

VII. Cette esquisse fragmentaire serait trop incomplète si nous omettions de signaler brièvement les vues plus compréhensives auxquelles de Morgan fut conduit

1. *Syllab.*, 74 à 80.
2. Cf. appendice au *Mém.* n° 4.

par ses dernières recherches. — Nous avons vu que toutes les copules sont loin d'avoir même sens et mêmes caractères; *est,* signe de l'identité, n'est pas identique à =, signe de l'égalité; toutefois l'un et l'autre sont des copules convertibles et transitives; *est plus grand que*, *est cause de*, n'ont ni le sens de l'identité, ni celui de l'égalité; en outre, si ce sont des copules transitives, elles ne sont pas convertibles; chacune d'elles a une copule corrélative : est plus petit que, est causé par. Il en résulte que les logiciens, pour donner à leur science une unité factice et ramener toutes les relations à celles qui peuvent être affirmées par *est* et niées par *n'est pas,* ont incorporé de force la relation avec le prédicat. Ils disent par exemple que dans la proposition : A est plus grand que B, plus grand que B est le prédicat, et que la copule *est* marque l'identité de ce prédicat et du sujet. C'est là un subterfuge destiné à dissimuler ce que leurs vues ont d'incomplet et d'erroné; en fait, ils ont exclu de leur science l'étude de la relation en général; et cependant si la logique est, comme ils le veulent, la science purement formelle des lois de la pensée, ne convient-il pas d'éliminer tout ce qu'il peut y avoir de matériel dans les diverses relations engagées dans la pensée et dans le langage, pour n'en retenir que la forme générale? On admet généralement que A est B, B est C, donc A est C, est l'énoncé de relations purement formelles, et on le conteste des relations A = B, B = C, donc A = C; la vérité, c'est que dans le langage la copule est toujours matérialisée, qu'elle signifie *identité* ou *cause de;* la seule relation purement formelle est la relation générale, considérée en dehors de toutes les spécifications qu'elle peut recevoir. Il y a donc lieu d'établir une logique générale de la relation, de laquelle la logique de l'identité, la logique de l'égalité, c'est-à-dire les raisonnements où la copule marque l'identité ou l'égalité du sujet seraient des cas particuliers. A ce point de vue, le syllogisme proprement dit ne serait qu'un cas de la composition des relations. Une telle conception doit heurter de front les préjugés et les habitudes des logiciens de profession. Mais que dirait-on d'un mathématicien qui, sous prétexte que l'arithmétique porte sur des nombres, voudrait la confiner à tout jamais dans la numération et déclarerait nuls et non avenus les résultats abstraits qui conduisent au calcul différentiel?

Soit X et Y deux termes singuliers, L la relation qui peut exister ou ne pas exister entre eux; $X..LY$ signifiera l'assertion de la relation; $X.LY$ signifiera la négation de cette même relation. Alors $X..LY$ signifiera que X est un des objets de pensée qui est avec Y dans la relation L, c'est-à-dire que X est un des Ls de Y; $X.LY$ signifiera que X est un des objets de pensée qui n'est pas avec Y dans la relation L, c'est-à-dire que X n'est pas un des Ls de Y. Remarquons que le prédicat peut être lui-même le sujet d'une relation; alors il y a, dans la proposition même, composition de relations. Soit, par exemple, $X..L (MY)$; cela signifie : X est un des Ls de l'un des Ms de Y; nous pouvons donc penser X comme « un L de M » de Y, assertion qui sera exprimée par $X.. (LM) Y$, ou plus simplement par $X..LMY$.

Toute relation L a une relation converse L^{-1}; et celle-ci se définit comme d'ordinaire : si $X..LY$, $Y..L^{-1} X$; c'est-à-dire si X est un des Ls de Y, Y est un des L^{-1} de X. — De même, toute relation a une relation contraire. Si X n'est pas un L quelconque de Y, X est à Y dans quelque non-L relation. La relation contraire est marquée par 1. Ainsi X.LY donne X..lY; réciproquement, X..lY donne X.LY. Les relations contraires peuvent être composées, bien que les termes contraires ne le puissent pas; Xx est impossible; mais LlX, c'est-à-dire le L d'un non-L de X, est concevable; ainsi un homme peut être partisan d'un non-partisan de X.

Ces simples énoncés suffisent à montrer comment le syllogisme est une composition de relations.

Considérons les cas les plus simples, c'est-à-dire ceux qui ne contiennent pas de relation converse.

X est dans la relation L avec Y;
Y est dans la relation M avec Z;
Donc X est dans la relation composée LM avec Z.

Symboliquement :

X..LY;
Y..MZ;
Donc X..LMZ.
X n'est pas dans la relation L avec Y;
Y est dans la relation M avec Z,
Donc X est dans la relation composée non-LM avec Z.

Symboliquement :

X.LY;
Y..MZ;
Donc X..lMZ.
X est dans la relation L avec Y;
Y n'est pas dans la relation M avec Z;
Donc X est dans la relation composée L non-M avec Z.

Symboliquement :

X..LY;
Y.MZ;

Donc X..LmZ.

X n'est pas dans la relation L avec Y;

Y n'est pas dans la relation M avec Z;

Donc X est dans la relation composée non-L non-M avec Z.

Symboliquement :

X.LY;

Y.MZ;

Donc X..lmZ.

Dans ces syllogismes par composition de relations, les figures qui n'avaient pas de raison d'être dans le syllogisme onymatique reparaissent et reprennent importance; seulement elles ne sont pas déterminées par la place du moyen terme; que nous disions X..LY ou LY..X, la figure est la même; le changement de figure ne peut être effectué que par la conversion de la relation. — La première figure est celle de *transition directe :* X est en relation avec Z, par l'intermédiaire des relations de X à Y et de Y à Z. — La quatrième figure est celle de *transition intervertie :* X est en relation avec Z, par l'intermédiaire des relations de Z à Y et de Y à X. — La deuxième est celle du *rapport au* (moyen terme) : X est en relation avec Z, par l'intermédiaire des relations de X et de Z à Y. — La troisième enfin est celle du *rapport du* (moyen terme) : X est en relation avec Z, par l'intermédiaire des relations de Y à X et à Z [1].

On le voit par ce rapide exposé, il est difficile de caractériser d'une façon générale la logique de Morgan; elle abonde en vues de détail, souvent exactes, toujours ingénieuses; mais quelle est au juste la concep-

---

1. *Mém.* n° IV.

tion d'ensemble qui en serait l'âme et le lien? De
Morgan disait, non sans raison, que logiciens et mathématiciens ont le tort de s'ignorer mutuellement; il a
voulu sans doute élargir à la fois les bases de la logique
et celles de la mathématique, en déterminant quelles
analogies unissent les raisonnements qualitatifs et les
raisonnements quantitatifs. Mais son système, hérissé
de notations variées que nous n'avons pas reproduites,
surchargé de distinctions verbales, divisé et subdivisé
à l'infini, ne laisse pas à l'esprit l'impression d'unité et
de simplicité, marque des œuvres définitives.

CHAPITRE V

BOOLE.

I. Les travaux de Boole[1] sur la logique formelle n'ont pas eu, même en Angleterre, un retentissement égal à ceux d'Hamilton et de ses disciples immédiats. Pourtant, si la réforme poursuivie par les logiciens anglais du XIXe siècle doit prévaloir, c'est à Boole que sera due la nouvelle constitution de la science. Ses devanciers, Hamilton en particulier, ont les défauts des précur-

---

1. Boole (George), un des mathématiciens et des logiciens les plus originaux que l'Angleterre ait produits, est né à Lincoln, le 2 novembre 1815, et est mort le 4 décembre 1864. Toute sa vie a été consacrée à l'enseignement des mathématiques. Ses ouvrages sont *The mathematical analysis of Logic, being an essay towards a calculus of deductive reasoning*, Cambridge, 1847, et *An investigation of the Laws of Thought on which are founded the mathematical theories of Logic and Probabilities*, London, 1854.

seurs, incertitude sur la fin à réaliser, tâtonnements dans l'invention et le choix des moyens ; aussi leur œuvre n'est-elle qu'une série d'ébauches fragmentaires, plusieurs fois reprises sur frais nouveaux, souvent mal jointes, parfois même discordantes. Chez Boole, au contraire, nulle incertitude sur le but à atteindre, nulle indécision sur la route à suivre pour y parvenir ; son œuvre est un vaste système, venu tout d'une pièce et doué d'une parfaite unité organique.

Il est important d'en marquer, sans méprise, le caractère essentiel. C'est une *analyse mathématique de la logique formelle*, un *calcul de l'inférence déductive*. Que faut-il entendre par ce bref énoncé ?

On rattache d'ordinaire, par une filiation directe, les théories de Boole à celles d'Hamilton. La doctrine de la *quantification du prédicat*, principe de la *nouvelle analytique* d'Hamilton, semble, en effet, effacer toute différence formelle entre le raisonnement par syllogisme et le raisonnement mathématique, et conduire ainsi à la constitution d'une logique algébrique. Avant Hamilton, les logiciens avaient maintenu une rigoureuse distinction entre les notions de qualité et les notions de quantité ; les premières sont faites d'éléments hétérogènes, inclus et comme emboîtés les uns dans les autres ; les secondes sont composées de parties homogènes réunies et comme juxtaposées les unes aux autres ; de là en s'unissant, notions de qualité à notions de qualité, notions de quantité à notions de quantité, elles constituent, les unes des propositions, couples de termes liés par la copule *est*, les autres des équations, couples de termes égaux ou équivalents, liés par la copule *égale* ; en s'enchaînant, les propositions forment des syllogismes et des séries de syllogismes ; les équations, des raisonnements mathématiques. La distinction native des notions de qualité et des notions de quantité persiste donc à travers toutes les combinaisons et des unes et des autres. Mais si, comme le veut Hamilton, toute proposition est au fond une équation du sujet et du prédicat, il n'y a plus lieu de distinguer, au point de vue formel, ceux des raisonnements qui procèdent par inclusion ou exclusion de notions en des propositions successives, de ceux qui vont à la conclusion par substitution de membres égaux ou équivalents en diverses équations. Dès lors, le type primitif et fondamental de l'inférence déductive serait le raisonnement mathématique, et la logique serait une espèce particulière de l'algèbre.

Est-ce sur cette vue que repose la logique algébrique de Boole? Ce serait singulièrement rapetisser son œuvre que de le croire. Une logique mathématique, établie sur les principes que nous venons d'esquisser, ne serait au fond qu'une notation symbolique de la logique ancienne. De celle-ci, tout serait conservé, principes, procédés et formes principales ; on y ajouterait quelques formes nouvelles, déterminées par l'application du principe de la quantification du prédicat aux propositions ; mais, au fond, sous un revêtement mathématique, ce serait toujours l'analytique ancienne ; le champ de la logique formelle ne serait pas étendu ; la puissance et la portée de ses procédés ne seraient pas accrues ; le seul gain serait peut-être d'en simplifier les énoncés et d'en abréger le traitement.

Boole a voulu, au contraire, élargir le champ et accroître la puissance de la logique déductive. — Dans l'ancienne analytique, toute inférence est tirée ou d'une proposition unique, — inférences immédiates, — ou de deux propositions, — inférences médiates, syllogismes. Là s'arrête le procédé déductif. On ne se demande pas quelles sont toutes les relations logiquement possibles entre tous les termes, si nombreux qu'ils puissent être, d'une proposition donnée; on ne se demande pas davantage quelles conclusions résulteraient d'un système de plus de deux prémisses ; le sorite, en effet, où entrent au moins trois prémisses, est une chaîne de syllogismes, où la conclusion du premier argument devient la majeure du second, et ainsi de suite, jusqu'à la conclusion finale.

Mais, qu'est au fond l'opération déductive? C'est l'élimination d'un terme moyen dans un système de trois termes. Boole, guidé par son instinct de mathématicien, généralise le problème et le pose de la façon suivante : Étant donné un système d'un nombre quelconque de termes, en éliminer autant de moyens termes qu'on voudra, et déterminer toutes les relations impliquées par les prémisses entre les éléments qu'on désire retenir ; ou encore : Etant données certaines conditions logiques, déterminer la description d'une classe quelconque d'objets sous ces conditions.

Là est la conception originale, l'idée nouvelle qui, si elle est vraie, doit changer la face de la logique. On comprend en effet que, si le problème ainsi posé en termes généraux est résoluble, le syllogisme des anciens, avec ses annexes, qui a été jusqu'ici toute la logique, n'en est, en fin de compte, qu'un cas particulier, de même que l'élimination d'un symbole de quantité entre deux équations données n'est, en algèbre, qu'un cas particulier de la théorie générale de l'élimination. On a comparé, dans ces derniers temps, l'œuvre de Boole, en logique, à celle de Descartes, en géométrie. La comparaison ne manque pas d'exactitude, comme nous le verrons plus loin; mais s'il a été conduit à appliquer l'algèbre à la logique, de même que

Descartes l'avait appliquée à la géométrie, c'est qu'il a transformé, en le généralisant, le problème de l'inférence déductive, par une vue d'ensemble comparable à celle du mathématicien qui, le premier, conçut la pensée d'une théorie générale pour la solution des équations.

On conçoit aisément que pour résoudre le problème général de la logique, dans les termes où Boole l'a posé, il serait chimérique d'attendre aucun secours de l'analytique péripatéticienne; celle-ci demeure confinée dans ses cadres étroits. On ne saurait davantage réaliser, en des exemples concrets, tous les cas comportés par le problème. Il faut donc employer, à en poursuivre la solution, un procédé analogue à celui des mathématiciens, et faire de la logique générale un calcul.

Avant d'aller plus loin, éclaircissons cette idée. Traiter la logique par le calcul, ce n'est pas, comme on pourrait le croire, appliquer purement et simplement à la syllogistique les procédés de l'algèbre, et rendre ainsi la logique tributaire de la mathématique. Si par mathématique on entend, avec l'opinion la plus répandue, la science des quantités et des grandeurs, il est incontestable que, même traitées algébriquement, les notions de qualité doivent conserver leur essence et ne pas se transformer en notions de quantité. Mais si les signes et les symboles employés en algèbre sont les signes et les symboles de notions quantitatives et de rapports quantitatifs, cela tient-il à la nature des opérations qu'ils désignent, ou aux substratums auxquels ces opérations s'appliquent? C'est un fait, ou, si l'on aime mieux, un principe aujourd'hui reconnu des mathématiciens, que la validité de l'analyse algébrique dépend non de l'interprétation des symboles employés, mais uniquement des lois de leur combinaison. Étant

donnée une formule analytique, tout système d'interprétation qui n'affecte pas la vérité des relations sup-
posées est également admissible, et cette formule peut
représenter, avec une interprétation, la solution d'une
question relative aux propriétés des nombres, avec une
autre, celle d'un problème géométrique, avec une troisième, celle d'une question de dynamique ou d'opti-
que [1]. Négligeons toutes ces interprétations possibles,
et il reste un système d'opérations douées de propriétés
spéciales. L'analyste traite ses formules en tenant seulement compte des opérations qui y sont engagées,
sans se préoccuper des interprétations variées dont
elles sont susceptibles. La mathématique abstraite et
générale n'a donc pas pour objet, comme on l'a répété
tant de fois, des notions de quantité, numériques, géométriques ou mécaniques, mais des opérations considérées en elles-mêmes, indépendamment des matières
diverses auxquelles elles peuvent être appliquées.

Soit, par exemple, l'addition; c'est une opération
qui, en fait, se présente sous des formes variées. Ainsi,
l'addition des nombres consiste dans la réunion des
groupes d'unités; l'addition des longueurs, des angles,
des surfaces, etc., dans la juxtaposition de ces grandeurs; l'addition des forces, dans l'application de ces
forces à un même point, suivant une même direction.
Voilà trois opérations désignées par le même nom et
dont le but et les moyens d'exécution diffèrent; aucune
d'elles ne peut être prise comme type des autres; l'addition proprement dite ne peut être définie ni par l'une
ni par l'autre. Mais ces opérations, si différentes qu'elles
soient entre elles, présentent, quand on les détache
des matières spéciales avec lesquelles elles font corps,

1. *The mathematical analysis*, Introd.

certaines propriétés communes, exprimées par les égalités suivantes :

$$\text{Pour } a = a',$$
$$1^\circ \; a + b = a' + b;$$
$$2^\circ \; a + (b + c) = (a + b) + c;$$
$$3^\circ \; a + b = b + a;$$
$$4^\circ \; a + 0 = 0 + a = a.$$

C'est l'ensemble de ces propriétés qui constitue véritablement l'addition ; on sera donc autorisé à appeler
de ce nom toute opération, quels qu'en soient l'objet
spécial et le résultat, qui jouira de ces quatre propriétés [1].

Cela posé, est-il légitime de restreindre, ainsi qu'on
l'a fait jusqu'à ce jour, l'application de l'analyse aux
seules questions où entrent uniquement des notions
de quantités et de grandeurs ? Peut-on affirmer que
l'analyse, prise en elle-même, se refuse à toute interprétation qui ne serait pas quantitative ; que, par
exemple, il est interdit d'exprimer et de traiter algébriquement les opérations accomplies par l'esprit dans
l'inférence déductive ? On ne saurait répondre *à priori ;*
mais on ne saurait davantage opposer *à priori*, à la
constitution d'une analyse logique, la question préalable. La logique algébrique prouvera son droit à l'existence en existant.

Quelle méthode convient-il de suivre pour la constituer ? Cette méthode est déterminée par le but à
atteindre. Il s'agit, étant donné le problème général
de la logique, tel que nous l'avons formulé plus haut,
de découvrir un procédé général d'élimination des
moyens termes, abstraction faite de leur nombre et de

1. J. Houel, *Théorie élémentaire des quantités complexes.*
Paris, 1875.

leur connexion. Il ne faut donc pas prendre les cadres
du calcul quantitatif et prétendre y faire entrer, fût-
ce de vive force, les arguments logiques. Procéder
ainsi, ce serait préjuger *à priori* la question de savoir
si les propriétés du calcul proprement dit sont identiques à celles du calcul logique. Peut-être ces deux
formes de l'algèbre n'ont-elles en commun que certaines propriétés génériques, avec des propriétés spéciales propres à chacune d'elles. Il faut donc analyser
les opérations de l'esprit engagées dans la constitution
des notions générales, des propositions, et des raisonnements déductifs, les exprimer en langage symbolique, et déduire les propriétés de ces symboles des
lois de leur combinaison.

II. Boole adopte trois espèces de signes : des symboles numériques et littéraux, 1 et 0, x, y, z, etc.,
pour représenter les choses en tant que sujets de nos
conceptions ; des signes d'opérations, $+$, $-$, $\times$, pour
représenter les opérations de l'esprit par lesquelles les
conceptions des choses sont combinées de manière
à former de nouvelles conceptions enveloppant les
mêmes éléments ; enfin le signe de l'identité, $=$.

Les signes 1 et 0 ont dans le système une fonction
nettement définie : 1 signifie *tout*, 0 signifie *rien*. 1,
c'est la classe qui comprend tous les êtres possibles ; 0,
c'est, si l'on peut ainsi parler, la classe qui comprend
tout ce qui n'existe pas. Soit maintenant à former une
certaine classe comprenant tous les individus qui possèdent un certain caractère commun, x ; c'est, en dernière analyse, extraire de la totalité des êtres tous ceux
qui possèdent le caractère donné ; on l'exprimera symboliquement

$$1x,$$

et, comme toute classe ainsi formée est, en fait, une certaine province définie de la totalité des choses, on peut sous-entendre, dans l'expression qui la désigne, le symbole de la totalité, et l'exprimer simplement par x. De même, une autre classe sera désignée par y, une troisième par z, et ainsi de suite.

Soit maintenant à former une notion complexe, telle que « moutons blancs cornus ». — C'est choisir dans la totalité des êtres tous les moutons, puis, dans la totalité des moutons, tous ceux qui sont blancs, et enfin, dans la totalité des moutons blancs, tous ceux qui sont cornus. Si le résultat de la première opération est la constitution de la classe $1x$ ou x, celui de la seconde sera xy ; celui de la troisième, xyz. xyz désigne ainsi la classe comprenant tous les individus qui possèdent simultanément les attributs de la classe x, de la classe y et de la classe z.

Considérons cette formule et les opérations mentales qu'elle désigne, et nous reconnaîtrons de suite que l'ordre des symboles y est indifférent. En effet, que l'on forme d'abord la classe des moutons, pour en extraire ensuite tous les moutons blancs et, de cette nouvelle classe, tous les moutons cornus ; que l'on forme d'abord la classe des êtres blancs, pour en extraire ensuite les moutons cornus, ou que l'on forme d'abord la classe des êtres cornus, pour en extraire les moutons blancs, le résultat de cette triple opération sera toujours le même.

Les symboles logiques ont donc ce que les mathématiciens appellent la propriété commutative, que nous exprimerons par la formule suivante :

$$xy = yx. \qquad [1]$$

1. On serait peut-être tenté de se méprendre sur le sens des

Supposons maintenant que x et y aient exactement
la même signification ; leur combinaison n'exprimera
rien de plus que ce qu'exprime l'un des symboles pris
à part. Si, par exemple, d'un groupe d'êtres nous
extrayons tous les X, et que nous répétions la même
opération sur la classe ainsi obtenue, nous obtiendrons
encore la même classe, sans profit ni perte ; dire
« homme, homme », « bon, bon », c'est la même
chose que de dire « homme », « bon ». De là, ces formules qui jouent dans le système un rôle capital :

$$xx = x$$
$$\text{ou} \quad x^2 = x, \qquad\qquad [2]$$

Outre les opérations ci-dessus décrites, il en est par
lesquelles nous réunissons en un tout des parties différentes, et divisons un tout en parties. Ainsi nous disons :
« Les Anglais et les Français, » « les Français ou les
Anglais, » « les Européens, à l'exception des Anglais, » etc. Ce sont là deux opérations inverses. La
première sera marquée par le signe +, la seconde par
la signe — :

$$x + y ; \quad x - y.$$

symboles logiques xy, xyz, etc., car il est malaisé de s'élever
au degré d'abstraction nécessaire à l'intelligence du système de
Boole. Dans l'algèbre des mathématiciens, xy signifie que x est
multiplié par y. Il serait absurde d'interpréter en ce sens l'expression logique xy. Mais, nous l'avons vu, les propriétés des
formules analytiques ne dépendent pas de l'interprétation
qu'elles peuvent recevoir, mais uniquement des lois de la combinaison des symboles qu'elles contiennent. Aussi, bien que la
multiplication algébrique dont $xy = yx$ est la loi fondamentale
n'ait en elle-même aucune analogie avec le procédé de combinaison logique représenté par xy, Boole a été en droit de dire
que, si les procédés arithmétique et logique sont exprimés de la
même manière, leurs expressions symboliques sont soumises à
la même loi formelle.

Il est aisé de voir que, dans la formule $x + y$, l'ordre de distribution des symboles réunis par le signe $+$ est indifférent. Puisque $x + y$ désigne une totalité composée de tous les individus contenus dans la classe x et dans la classe y, peu importe que nous écrivions $x + y$ ou $y + x$; dans les deux cas, le résultat est le même. Les symboles logiques sont donc doués de la *propriété distributive* :

$$x + y = y + x, \qquad [3]$$

ou encore :

$$z(x + y) = zx + zy; \qquad [4]$$

ce qui est attaché à tous les membres d'un tout l'est à chaque membre en particulier, de quelque manière que ces membres soient distribués. — Cette propriété dérive assurément de la nature même de l'opération symbolisée. Étant donné un groupe d'objets, considéré comme un tout, il est indifférent d'en extraire la classe z, par exemple, ou de diviser le groupe en deux parties, d'extraire de chacun d'eux tous les z et de réunir ces résultats en un même agrégat.

Revenons aux symboles 0 et 1. Si 0 signifie rien, et 1 tout, il est évident que la loi formelle de l'algèbre :

$$0y = 0,$$

quelle que soit la *valeur* ou le *sens* de y, est vraie en logique. $0y$ est la classe qui contient les individus communs à la classe 0 et à la classe y ; il ne peut en exister. De même, ainsi que nous l'avons déjà remarqué,

$$1y = y,$$

quel que soit y, est vrai en logique comme en algèbre.

Allons plus loin. Si x représente une classe déterminée d'objets et 1 la totalité des êtres, il est évident que $1-x$ représentera la classe supplémentaire de x, c'est-à-dire la somme des êtres qu'il faut ajouter à x pour avoir 1. Par conséquent, $1-x$ signifiera le contraire de x, c'est-à-dire *non-x*. Si, par exemple, x signifie *homme*, $1-x$ signifiera *non-homme*.

Maintenant il est aisé de voir que l'axiome appelé par les logiciens *principe de contradiction*, et considéré par eux comme une loi primitive et irréductible de la pensée, est une conséquence de cette loi antérieure, dont l'expression est :

$$x^2 = x.$$

En effet, à l'équation

$$x^2 = x$$

substituons l'équation équivalente

$$x-x^2 = 0,$$

d'où

$$x(1-x) = 0.$$

Traduisons : le produit formel $x(1-x)$ représente la classe d'individus qui sont à la fois x et $1-x$, c'est-à-dire *non-x*; ce produit est égal à 0; en d'autres termes, il n'y a pas d'individus qui soient à la fois x et $1-x$, c'est-à-dire x et *non-x*.

Passons à l'expression symbolique des propositions.

Toutes les propositions logiques sont ou primaires ou secondaires. Les premières expriment des relations entre des choses; les secondes, des relations entre des propositions. Occupons-nous d'abord des propositions primaires.

En premier lieu, il faut établir une méthode générale pour énumérer toutes les variétés possibles d'une collection de choses pouvant constituer un terme d'une proposition primaire.

Si la classe est définie par des qualités communes à tous les individus qui la constituent, on l'exprimera par un terme simple, dans lequel les symboles seront juxtaposés comme dans la multiplication algébrique. — Si elle est, au contraire, une collection de choses distinctes, définies chacune par une propriété spéciale, les expressions de ces parties seront formées séparément et unies par le signe $+$; si la collection est définie par l'exclusion de certaines parties, les parties exclues seront précédées du signe $-$.

Dans les propositions disjonctives, « les choses qui sont x ou y », on aura deux symboles, équivalents des choses qui sont x et *non-y* et des choses qui sont y et *non-x* :

$$x (1-y) + y (1-x).$$

Si x et y peuvent coexister, on aura

$$xy + x (1-y) + y (1-x),$$

expression de toutes les alternatives possibles dans le cas donné.

Ainsi l'expression totale de la triple alternative ou x, ou y ou z est

$$x (1-y) (1-z) + y (1-x) (1-z) + z (1-x) (1-y)$$

quand les classes désignées par x, y et z sont mutuellement exclusives, et

$$xyz + y (1-x) (1-z) + z (1-x) (1-y)$$

quand elles ne sont pas exclusives.

Cela posé, comment exprimer les propositions primaires ?

Distinguons différents cas :

1° Le sujet et le prédicat sont tous les deux universels.

Dans ce cas, il faut former séparément l'expression de chacun d'eux et les unir par le signe $=$.

2º Le prédicat est particulier. Ex. : Tous les hommes sont mortels (quelques mortels).

Un symbole spécial de la particularité est ici nécessaire. Soit v le symbole d'une classe indéterminée en tout, si ce n'est en ce que quelques-uns de ses membres sont X ; nous aurons :

$$y = vx.$$

La règle d'expression de ces propositions sera donc d'exprimer le sujet et le prédicat comme précédemment, d'attacher au prédicat le symbole indéterminé v, et de mettre les deux expressions en équation.

De même, si la proposition est disjonctive, on aura :

$$x = v \left\{ y(1-z) + z(1-y) \right\}.$$

3º Négatives universelles : Aucun y n'est x. — Convertir la proposition dans la forme équivalente : Tout x est quelque $non\text{-}y$, et procéder comme précédemment ; d'où :

$$x = v(1-y).$$

4º Négatives particulières : Quelques y ne sont pas x. Convertir la proposition en cette forme équivalente : Quelques y sont quelques $non\text{-}x$, et procéder d'après les règles d'expression ci-dessus énoncées :

$$vy = v(1-x).$$

En un mot, si la proposition est affirmative, exprimer le sujet et le prédicat séparément et les mettre en équation ; si l'un des deux termes est particulier, y attacher le symbole indéterminé v ; si la proposition est négative, en exprimer la vraie signification, et pour cela attacher la négation au prédicat.

III. Le dessein de Boole apparaît maintenant avec une netteté parfaite. Boole n'a pas voulu appliquer la science des nombres à la logique. Il eût fallu, pour cela, supposer qu'en cette nouvelle application les lois qui la gouvernent resteraient les mêmes, ce qui eût été une pure hypothèse qu'à *priori* rien n'autorisait; mais il s'est proposé de constituer une logique algébrique, et, pour y parvenir, il a déterminé les lois des symboles logiques par l'analyse des opérations qu'ils représentent, indépendamment des lois qui régissent les symboles numériques. La communauté des symboles dans la science logique et dans la science des quantités n'implique en aucune manière l'identité ou la communauté des objets de ces sciences ; l'une porte sur les notions que nous nous faisons des choses ; l'autre, sur leurs relations numériques. Mais, comme les lois et les propriétés des symboles ne dérivent pas directement de l'interprétation qu'ils reçoivent, il est licite et même avantageux d'employer les mêmes symboles en des systèmes différents de pensée, s'ils sont soumis à des lois formelles communes.

Ce n'est donc pas à *priori* mais à *posteriori* que l'on peut découvrir une correspondance entre les symboles de l'algèbre ordinaire et ceux de l'algèbre logique. — Les uns et les autres sont commutatifs et distributifs. De là vient qu'on peut, en logique, additionner et soustraire les équations, en transposer les termes, comme dans l'algèbre des mathématiciens; de là vient aussi que si deux classes de choses x et y sont identiques, c'est-à-dire si tous les membres de l'une sont membres de l'autre, de

$$x = y,$$

on peut, quelle que soit la propriété représentée par z, conclure :

$$zx = zy,$$

équivalent formel de la loi algébrique en vertu de laquelle les deux membres d'une équation demeurent égaux, quand ils sont multipliés chacun par une même quantité.

Mais la comparaison de ces deux systèmes symboliques nous montre aussi qu'entre eux la correspondance n'est pas complète, ou, si l'on aime mieux, que chacun d'eux a des propriétés spécifiques distinctes.

Ainsi, en algèbre, de $xy = zy$, on conclut $x = y$.

En logique, nous ne rencontrons pas d'équivalent formel de cette loi. Si les membres d'une classe x qui possèdent une certaine propriété z sont identiques avec ceux d'une classe y qui possèdent la même propriété z, il ne suit pas de là que tous les membres de la classe x soient identiques avec ceux de la classe y. En d'autres termes, on ne peut de $zx = zy$ conclure en logique $x = y$.

Il y a plus : nous avons vu que tous les symboles logiques sont soumis sans exception à la loi primitive et irréductible de dualité :

$$x^2 = x.$$

Cette loi est propre à la logique et n'a pas d'application générale en algèbre. Deux symboles numériques seulement, 1 et 0, y satisfont :

$$0^2 = 0,$$
$$1^2 = 1.$$

En algèbre, l'équation $x^2 = x$ n'a d'autres racines que 0 et 1.

Par conséquent, il n'y a pas coïncidence totale de l'algèbre logique et de l'algèbre numérique. Pour l'établir, il faudrait faire violence à l'algèbre ordinaire et supposer que les symboles de quantité admettent seulement les valeurs 0 et 1. Dans ce cas, les deux systèmes auraient mêmes lois, mêmes axiomes et mêmes procédés [1]; ils ne différeraient que par l'interprétation.

IV. Nous connaissons les lois fondamentales des opérations de l'esprit; nous les avons exprimées en symboles. Maintenant, comment doit procéder le calcul logique?

On remarquera d'abord que les symboles logiques sont soumis à certaines conditions d'interprétabilité. Ainsi $x + y$ signifie que x et y, bien que réunis par le signe de l'addition, sont exclusifs l'un de l'autre, c'est-à-dire qu'aucun individu appartenant à la classe x ne se trouve en même temps dans la classe y. Il est incontestable que si, dans ce traitement des symboles logiques, on tient compte de ces conditions spéciales d'interprétabilité, il est impossible d'instituer un calcul logique. Mais, d'autre part, si on les néglige, pour ne tenir compte que des lois formelles impliquées dans la combinaison des symboles, on aboutira à des résultats dépourvus de toute signification. Or, rien n'est plus contraire à nos habitudes d'esprit; dans le raisonnement par syllogisme, à chaque pas en avant, nous rencontrons une proposition intelligible. — Mais les conditions du raisonnement symbolique ne sont pas celles du raisonnement non symbolique. Les géomètres emploient souvent, pour parvenir à des résultats intelligibles, des symboles, tels que $\sqrt{-1}$, qui, par eux-mêmes, ne sont pas susceptibles d'interprétation. Dans

---

1. Cette remarque est de la plus haute importance pour l'intelligence du système de Boole. Comme nous le verrons bientôt, elle est la clef de son calcul logique.

ce genre de raisonnement, il faut et il suffit qu'une interprétation fixe soit assignée aux symboles employés dans l'expression des données, et que le résultat final puisse recevoir une interprétation conforme à celle des données. Alors, pourvu que la démonstration procède suivant les lois de la combinaison des symboles, peu importe que les intermédiaires qui séparent les données de la conclusion ne puissent pas recevoir d'interprétation.

Il faut donc, suivant ces principes, pour instituer le calcul logique, faire abstraction du sens donné aux symboles dans les équations proposées. — Mais ce n'est pas assez. On a vu que tout système de propositions peut être exprimé par des équations contenant les symboles x, y, z, qui sont soumis à des lois formelles identiques à celles d'un système de symboles quantitatifs, susceptibles seulement des valeurs 0 et 1. Aussi, comme les procédés formels du raisonnement dépendent seulement des lois des symboles, et non de la nature de leur interprétation, est-il permis de traiter les symboles logiques comme s'ils étaient des symboles de quantité de l'espèce ci-dessus définie. De là cette règle capitale dans la doctrine de Boole : « Négliger l'in-« terprétation logique des symboles dans l'équation don-« née; les convertir en symboles quantitatifs, suscep-« tibles seulement des valeurs 0 et 1; les soumettre, en « cet état, à tous les procédés requis de solution, et à « la fin leur rendre leur interprétation logique. »

Ces conventions posées et ces règles établies, toute expression algébrique contenant un symbole x est appelée fonction de x, $f(x)$; toute expression algébrique contenant deux symboles x et y est appelée fonction de x et de y, $f(x, y)$, et ainsi de suite. Ainsi $f(x)$ représentera l'une quelconque des fonctions suivantes :

$$x, 1\text{-}x, \frac{1+x}{1\text{-}x}, \text{etc.},$$

et $f(x, y)$ représentera de même l'une quelconque des formes :

$$x + y, \; x\text{-}2y, \; \frac{x+y}{x\text{-}2y}, \text{etc.}$$

D'après les mêmes principes, si dans une fonction de x nous changeons x en 1, le résultat sera exprimé par la forme $f(1)$; si, dans la même fonction, nous changeons x en 0, le résultat sera exprimé par la forme $f(0)$.

Par exemple, si $f(x)$ représente la fonction $\dfrac{a+x}{a-2x}$, $f(1)$ représentera $\dfrac{a+1}{a-2}$, et $f(0)$ représentera $\dfrac{a}{a}$.

DÉFINITION. — Toute fonction $f(x)$ dans laquelle x est un symbole logique, ou un symbole de quantité susceptible seulement des valeurs 0 et 1, est dite être développée quand elle est ramenée à la forme $ax + b(1-x)$, a et b étant déterminés de façon à rendre le résultat équivalent à la fonction d'où cette forme a été dérivée.

PROPOSITION I. — Développer toute fonction $f(x)$ où x est un symbole logique.

Soit $\qquad f(x) = ax + b(1\text{-}x)$.

Pour $x = 1$, nous avons : $f(1) = a$.

Pour $x = 0$, nous avons : $f(0) = b$.

Substituant à a et à b, dans la première équation, leurs valeurs, nous avons :

$$f(x) = f(1)\,x + f(0)\,(1\text{-}x). \qquad [1]$$

C'est le développement demandé ; le second membre de l'équation représente adéquatement la fonction $f(x)$, quelle qu'en soit la forme ; car x admet seulement les valeurs 0 et 1, et pour chacune de ces valeurs le développement

$$f(1)\, x + f(0)\,(1\text{-}x),$$

prend la même valeur que la fonction $f(x)$. Par exemple, on demande de développer la fonction $\dfrac{1+x}{1+2x}$. Pour $x = 1$, nous trouvons : $f(1) = \dfrac{2}{3}$; pour $x = 0$, nous trouvons : $f(0) =$ oı   D'où :

$$\frac{1+x}{1+2x} = \frac{2}{3}\, x + 1\text{-}x.$$

PROPOSITION II. — Développer une fonction contenant un nombre quelconque de symboles logiques.

Soit d'abord le cas de deux symboles, $f(x, y)$.

Considérant $f(x, y)$ comme une fonction de x seulement, et le développant d'après le théorème général précédent, nous avons :

$$f(x, y) = f(1, y)\, x + f(0, y)\,(1\text{-}x), \quad [2]$$

où $f(1, y)$ et $f(0, y)$ représentent ce que la fonction proposée devient quand, au lieu de x, nous écrivons 1 et 0.

Maintenant, prenant le coefficient $f(1, y)$ et le considérant comme une fonction de y, et le développant, nous avons :

$$f(1, y) = f(1, 1)\, y + f(1, 0)\,(1\text{-}y), \quad [3]$$

où $f(1, 1)$ et $f(1, 0)$ représentent ce que $f(1, y)$ devient, quand on y fait y égal à 1 et à 0.

De même, le coefficient $f(0, y)$ donne, par expansion :

$$f(0, y) = f(0, 1)\, y + f(0, 0)\,(1\text{-}y.) \quad [4]$$

Substituons dans [2] à $f(1, y)$, $f(0, y)$ leurs valeurs données en [3] et en [4], et nous avons :

$$f(x, y) = f(1, 1) \, x \, y + f(1, 0) \, x \, (1\text{-}y) + f(0, 1)$$
$$(1\text{-}x) \, y + f(0, 0) \, (1\text{-}x) \, (1\text{-}y). \qquad [5]$$

C'est là l'expansion demandée. $f(1, 1)$ représente ce que $f(x, y)$ devient quand on fait $x = 1$, $y = 1$; $f(1, 0)$, ce que $f(x, y)$ devient quand on fait $x = 1$ et $y = 0$, et ainsi de suite.

Si, par exemple, $f(x, y)$ représente la fonction $\frac{1\text{-}x}{1\text{-}y}$, nous trouvons :

$$f(1,1) = \frac{0}{0}, \; f(1,0) = \frac{0}{1} = 0, \; f(0,1) = \frac{1}{0}, \; f(0,0) = 1;$$

d'où l'expansion de la fonction donnée est

$$\frac{0}{0} \, x y + 0 x \, (1\text{-}y) + \frac{1}{0} \, (1\text{-}x) \, y + (1\text{-}x) \, (1\text{-}y).$$

On peut de là tirer une règle générale pour l'expansion de toute fonction des symboles x, y, z.

1° Former les constituants [1], de la manière suivante : le premier constituant est le produit des symboles; pour former le second, changer dans ce produit un symbole z en $1\text{-}z$; pour former le troisième et le quatrième, changer dans le premier et dans le second un symbole y en $1\text{-}y$; pour former le cinquième, le sixième, le septième et le huitième, changer dans les quatre premiers un autre symbole x en $1\text{-}x$, et ainsi de suite jusqu'à ce que le nombre des changements possibles soit épuisé.

2° Trouver le coefficient d'un constituant quelconque. — Si ce constituant contient x comme facteur, changer dans la fonction originale x en 1; s'il contient le facteur $1\text{-}x$, changer dans la fonction originale

---

1. Boole appelle *constituant* d'une expansion tout terme tel que xy, $x(1\text{-}y)$, etc., et *coefficient* tout terme tel que $f(1,1)$, $f(1,0)$, etc.

x en 0. Appliquer la même règle par rapport aux autres symboles y, z, etc. Ainsi le coefficient du constituant $(1-x)$ $(1-y)$ z sera $f(0, 0, 1)$.

La somme des constituants, multipliés chacun par son coefficient respectif, sera l'expansion demandée.

On remarquera que, dans une expansion donnée, un constituant quelconque, t, satisfait à la loi de dualité, $t(1-t) = 0$; que le produit de deux constituants distincts $= 0$, et que la somme de tous les constituants $= 1$.

V. Il s'agit maintenant d'interpréter ces formules. Comme toute expansion d'une fonction contient deux espèces d'éléments, constituants et coefficients, la question doit être divisée. Il faut rechercher d'abord l'interprétation des constituants, puis se demander en quelle sorte les coefficients qui y sont attachés en modifient l'interprétation.

En premier lieu, les constituants d'une fonction des symboles logiques x, y, etc., développée, sont interprétables et représentent toutes les divisions exclusives de la totalité du discours, formées par l'affirmation et la négation des qualités dénotées par les symboles x et y, etc.

Pour plus de clarté, supposons que la fonction développée contienne seulement les symboles x et y. Nous avons les quatre constituants

$$x\,y, \quad x(1-y), \quad (1-x)\,y, \quad (1-x)(1-y).$$

Le premier, xy, représente la classe d'objets qui possèdent en même temps les qualités exprimées par x et par y; le second, $x(1-y)$, ceux qui possèdent la propriété x, mais qui ne possèdent pas la propriété y; le troisième, $(1-x)\,y$, ceux qui sont y, mais qui ne sont pas x; enfin le quatrième, ceux qui ne sont ni x ni y. Ces constituants représentent donc toutes les classes distinctes que l'on peut décrire en affirmant et en niant les propriétés exprimées par x et par y. Ces classes, comme il est aisé de le voir, épuisent la totalité des choses, car il n'est pas d'objet qui ne puisse être défini par la présence ou l'absence d'une qualité proposée; par suite, il n'est pas de chose individuelle qui ne puisse être placée dans l'une des quatre classes déterminées par toutes les combinaisons possibles des deux classes données x et y, et de leurs contraires.

C'est sur les lois des constituants et le mode de leur interprétation que reposent l'analyse et l'interprétation des équations logiques.

Soit l'équation logique $V = 0$, développée de la manière suivante :

$$axy + bx\,(1\text{-}y) + c\,(1\text{-}x)\,y + d\,(1\text{-}x)\,(1\text{-}y) = 0, [1]$$

a, b, c, d étant des coefficients constants numériquement définis.

Supposons maintenant qu'un coefficient quelconque, a par exemple, n'est pas nul. Multipliant chaque membre de l'équation par le constituant xy, auquel ce coefficient est attaché, nous avons :

$$axy = 0,$$

d'où, comme a n'est pas nul,

$$xy = 0,$$

résultat indépendant de la nature des autres coefficients de l'expansion et qui, logiquement interprété, signifie : Il n'y a pas d'individus appartenant à la fois à la classe représentée par x et à la classe représentée par y.

De la même façon, si le coefficient b n'est pas nul, nous avons

$$x\,(1\text{-}y) = 0,$$

ce qui signifie : Il n'y a pas d'individus qui en même temps appartiennent à la classe x et n'appartiennent pas à la classe y.

La somme des interprétations distinctes ainsi obtenues pour chaque terme d'une expansion dont les coefficients ne sont pas nuls, constituera l'interprétation complète de l'équation $V = 0$; d'où cette règle d'analyse : développer la fonction V et égaler à 0 tout constituant dont le coefficient n'est pas nul. Les interprétations de ces résultats, prises ensemble, constituent l'interprétation de l'équation donnée.

Soit maintenant l'équation $V = 1$, supplémentaire de la forme $V = 0$.

Il est évident que tous les constituants qui figurent dans son développement représentent des classes dont la somme constitue la totalité des êtres ; si, par exemple, nous avons

$$xyz + (1-x)\,y\,(1-z) + (1-x)\,(1-y)\,z + (1-x)\,(1-y)\,(1-z) = 1,$$

cette expression signifie que par rapport aux propriétés dénotées par x, y, z, la totalité des êtres est divisée en quatre classes, la première contenant tous les êtres qui sont à la fois x, y, z; la deuxième, tous ceux qui sont y, mais qui ne sont ni x ni z; la troisième, tous ceux qui sont z, mais qui ne sont ni x, ni y; enfin la quatrième, tous ceux qui ne sont ni x, ni y, ni z, et qu'un être quelconque appartient à l'une de ces quatre classes.

Considérons maintenant le cas où la fonction est égalée à un symbole logique quelconque, w, $V = w$.

Ce cas n'est pas arbitraire, mais répond à un problème de la plus grande généralité en logique : Étant donnée une équation logique unissant les symboles x, y, z et w, on demande d'exprimer, d'une façon qui puisse être interprétée, la relation de la classe représentée par w aux classes représentées par les autres symboles x, y, z, etc.

En fait, si nous développons l'équation donnée, quelle qu'en soit la forme par rapport à w, nous obtenons une équation de la forme

$$Ew + E'(1-w) = 0, \qquad [1]$$

EE' étant fonctions des autres symboles.

Nous avons donc

$$E' = (E'-E)\,w,$$

d'où

$$w = \frac{E'}{E'-E}. \qquad [2]$$

Développant le second membre, il restera à interpréter logiquement le résultat d'après la proposition qui va suivre.

Si l'on demande la relation de la classe $1 - w$ aux autres classes x, y, z, etc., nous déduisons de [1], comme ci-dessus,

$$1-w = \frac{E}{E-E'},$$

équation à l'interprétation de laquelle s'applique aussi la méthode contenue dans la proposition III.

PROPOSITION III. — Déterminer l'interprétation de toute équation logique de la forme $w = V$, dans laquelle w est le symbole d'une classe et V une fonction d'autres classes, complétement indéterminée dans sa forme.

Supposons que le second membre de l'équation $w = V$ soit complétement développé. Chacun de ses coefficients sera de l'une des quatre espèces suivantes :

1° Le coefficient est 1. — Comme 1 est le symbole de la totalité, et que le produit de deux symboles quelconques de classes représente les individus qui appartiennent aux deux classes, tout constituant qui aura l'unité pour coefficient devra être interprété sans limitation.

2º Le coefficient est 0. — Comme en logique, de même qu'en arithmétique, 0 représente *rien*, aucune partie de la classe représentée par le constituant auquel 0 est attaché comme coefficient ne devra être prise.

3º Le coefficient est de la forme $\dfrac{0}{0}$. — En arithmétique, $\dfrac{0}{0}$ représente un nombre indéfini. De même, par analogie, ce symbole représentera, en logique, une classe indéfinie.

Prenons, par exemple, la proposition : « Des hommes non-mortels n'existent pas; » représentons-la symboliquement, et cherchons, conformément aux lois ci-dessus énoncées, une définition des « êtres mortels » par rapport à « hommes ». Soit y « hommes », x « êtres mortels », la proposition donnée sera en langage symbolique :

$$y\,(1\text{-}x) = 0,$$

de laquelle nous devons tirer la valeur de x.

De $\qquad\qquad y\,(1\text{-}x) = 0,$

nous tirons $\qquad\qquad y\text{-}yx = 0$

ou $\qquad\qquad\qquad yx = y,$

d'où $\qquad\qquad\qquad x = \dfrac{y}{y}.$

Développant le second membre, il vient :

$$x = y + \frac{0}{0}\,(1\text{-}y).$$

Ce qui signifie : Les mortels (x) sont constitués par tous les hommes (y) plus des êtres qui ne sont pas hommes, $(1\text{-}x)$ précédé du coefficient $\dfrac{0}{0}$. Mais nous ignorons si ce reste comprend *tous* les êtres qui ne sont pas hommes, ou s'il n'en comprend que *quelques-uns*. $\frac{0}{0}$ est donc bien le symbole d'une classe indéterminée.

4° Il peut se faire enfin que le coefficient d'un constituant ne rentre dans aucun des trois cas précédents. On ne peut alors l'interpréter sans le théorème suivant.

THÉORÈME. — Si une fonction V, dont le but est de représenter une classe ou une collection d'objets w, est développée, et si le coefficient numérique a de l'un quelconque de ses constituants ne satisfait pas à la loi $a(1-a) = 0$, le constituant en question doit être égalé à 0.

Telles sont les règles générales de l'interprétation, et pour ce qui concerne les constituants, et pour ce qui concerne les coefficients. Illustrons-les à l'aide d'un exemple concret.

On donne la définition suivante : « Les êtres responsables sont tous les êtres raisonnables qui sont libres d'agir ou qui ont volontairement sacrifié leur liberté. »

On demande, par exemple, d'inférer de cette prémisse le rapport qui unit la rationalité à la responsabilité, la liberté d'action, le sacrifice volontaire de la liberté et leurs contraires.

Soit x les êtres responsables,

    y les êtres raisonnables,

      z les êtres libres d'agir,

        w les êtres qui ont volontairement sacrifié leur liberté d'action.

Les deux alternatives « êtres raisonnables libres d'agir » et « êtres raisonnables ayant sacrifié leur liberté » sont mutuellement exclusives. L'expression symbolique de la prémisse sera donc :

$$x = yz + yw. \qquad [1]$$

De [1] nous avons $y = \dfrac{x}{z + w}$;

développant le second membre et rejetant les termes dont les coefficients sont 0, il vient

$$y = \frac{1}{2} \, xzw + xz\,(1\text{-}w) + x\,(1\text{-}z)\,w + \frac{0}{1}\,x\,(1\text{-}z)\,(1\text{-}w)$$

$$+ \frac{0}{0}\,(1\text{-}x)\,(1\text{-}z)\,(1\text{-}w);$$

d'où, en égalant à 0 les termes dont les coefficients sont $\dfrac{1}{2}$ et $\dfrac{1}{0}$, nous avons :

$$y = xz\,(1\text{-}w) + xw\,(1\text{-}z) + v\,(1\text{-}x)\,(1\text{-}z)\,(1\text{-}w); \qquad [2]$$
$$xzw = 0 \qquad [3]$$
$$x\,(1\text{-}z)\,(1\text{-}w) = 0 \qquad [4]$$

Interprétons, et nous obtenons les trois conclusions suivantes :

1° Les êtres raisonnables sont tous les êtres responsables qui sont libres d'agir et n'ont pas sacrifié volontairement leur liberté, ou qui, ayant volontairement sacrifié leur liberté, ne sont pas libres d'agir, plus une classe indéterminée d'êtres qui ne sont pas libres d'agir et qui n'ont pas sacrifié leur liberté.   [2]

2° Il n'y a pas d'êtres qui en même temps soient responsables, libres d'agir, et aient sacrifié volontairement leur liberté d'action.   [3]

3° Il n'y a pas d'êtres qui en même temps soient responsables, ne soient pas libres et n'aient pas sacrifié leur liberté d'action.   [4]

On peut aller plus loin et de [3] conclure :

$$xw = \frac{0}{z} = 0z + \frac{0}{0}\,(1\text{-}z)$$

ou
$$xw = v\,(1\text{-}z); \qquad [5]$$

et de [4] :

$$x(1\text{-}w) = \frac{0}{1\text{-}z} = 0\, z + 0\,(1\text{-}z)$$

ou $$x(1\text{-}w) = vz;$$ [6]

ce qui signifie : Les êtres responsables qui ont volontairement sacrifié leur liberté sont quelques non-libres. [5]

Les êtres responsables qui n'ont pas volontairement sacrifié leur liberté sont quelques êtres libres. [6]

En prenant pour prémisse la même définition des êtres responsables, on peut demander une description des êtres irrationnels.

Nous avons alors

$$1\text{-}y = 1\text{-}\frac{x}{z+w}$$
$$= \frac{z+w\text{-}x}{z+w}$$

$$= \frac{1}{2}xzw + 0xz(1\text{-}w) + 0x(1\text{-}z)\,w + \frac{1}{0}\,x(1\text{-}z)(1\text{-}w)$$
$$+ (1\text{-}x)\,zw + (1\text{-}x)z(1\text{-}w) + (1\text{-}x)(1\text{-}z)\,w + \frac{0}{0}(1\text{-}x)$$
$$(1\text{-}z)(1\text{-}w),$$

d'où, en supprimant les termes qui ont pour coefficient 0, et en égalant à 0 ceux qui ont pour coefficient $\frac{1}{2}$ ou $\frac{1}{0}$, nous avons :

$$(1\text{-}x)\,zw + (1\text{-}x)\,z(1\text{-}w) + (1\text{-}x)(1\text{-}z)\,w + v(1\text{-}x)(1\text{-}z)$$
$$(1\text{-}w) = (1\text{-}x)\,z + (1\text{-}x)(1\text{-}z)\,w + v(1\text{-}x)(1\text{-}z)(1\text{-}w).$$

La solution directe est donc : Les êtres irrationnels comprennent tous les êtres irresponsables qui sont libres d'agir ou qui, ayant perdu volontairement leur liberté, ne sont pas libres d'agir, plus une classe indéterminée d'êtres qui ne sont ni responsables ni libres d'agir et qui n'ont pas perdu volontairement leur liberté.

On aurait pu de même demander la définition de z et de non-z, de w et de non-w, par rapport aux autres termes de la définition posée comme prémisse, et les obtenir par le même procédé. Il suffit de cet exemple pour faire voir la fécondité du calcul logique dans l'inférence immédiate.

VI. Dans les inférences considérées jusqu'ici, tous les éléments de la prémisse reparaissent dans la conclusion ; il n'y a de changé, de l'une à l'autre, que l'ordre et les connexions de ces éléments. Mais ce n'est pas là le seul type du raisonnement déductif. Souvent la question à résoudre se présente sous la forme suivante : Étant données plusieurs prémisses, en extraire une relation entre tels et tels éléments déterminés. Dans ce cas, tous les éléments des prémisses ne reparaissent pas dans la conclusion ; certains d'entre eux, les moyens termes, dont la fonction est de manifester la relation demandée, en sont éliminés. Il faut donc chercher un procédé général d'élimination d'un nombre quelconque de moyens termes dans un système composé d'un nombre quelconque de prémisses données sous forme d'équations.

Soit une équation logique $f(x) = 0$.

Développant le premier membre, nous avons :

$$f(1)\, x + f(0)\, (1\text{-}x) = 0,$$

Ou
$$\{ f(1) - f(0) \}\, x + f(0) = 0 ; \qquad [1]$$

donc
$$x = \frac{f(0)}{f(0) - f(1)},$$

et
$$1\text{-}x = \frac{f(1)}{f(0) - f(1)}.$$

Substituons ces expressions à x et à $1 - x$ dans l'équation fondamentale $x (1 - x) = 0$,

nous avons
$$\frac{f(0) f(1)}{\{ f(0) - f(1) \}^2} = 0;$$

ou
$$f(1) f(0) = 0. \qquad [2]$$

On voit que, par ce procédé, l'élimination a lieu réellement entre l'équation donnée $f(x) = 0$ et l'équation universellement vraie $x (1 - x) = 0$, expression de la loi fondamentale des symboles logiques. Il n'est donc besoin, pour rendre possible l'élimination d'un terme, que d'une seule prémisse ou équation ; la loi nécessaire de la pensée supplée virtuellement à l'autre prémisse ou équation.

On peut encore procéder de la façon suivante. Soit, comme ci-dessus, l'équation

$$f(1) x + f(0) (1-x) = 0.$$

Multiplions l'équation d'abord par x, puis par $1 - x$, nous avons

$$f(1) x = 0,$$
$$f(0) (1-x) = 0.$$

De ces équations nous tirons par solution et développement :

$$f(1) = \frac{0}{x} = \frac{0}{0} (1-x),$$

$$f(0) = \frac{0}{x-1} = \frac{0}{0} x,$$

équations qui signifient : 1o Tous les individus contenus dans la classe représentée par $f(1)$ ne sont pas x ; 2o Tous les individus contenus dans la classe représentée par $f(0)$ sont x ; d'où : Il n'y a pas d'individus contenus à la fois dans la classe $f(1)$ et dans la classe $f(0)$, ou symboliquement :

$$f(1) f(0) = 0.$$

De là cette règle : Pour éliminer un symbole x d'une équation proposée, donner successivement à ce symbole, après avoir fait passer, si c'est nécessaire, tous les termes de l'équation dans le même membre, les valeurs 1 et 0, et multiplier l'une par l'autre les équation résultant.

Considérons maintenant l'équation générale

$$f(x, y) = 0,$$

dont le premier membre représente toute fonction de x, y et d'autres symboles.

D'après ce qui précède, le résultat de l'élimination de y dans cette équation est :

$$f(x, 1) f(x, 0) = 0.$$

Si maintenant dans ce résultat, obtenu en changeant successivement y en 1 et en 0 dans l'équation proposée et en multipliant l'un par l'autre les résultats obtenus, nous changeons successivement x en 1 et en 0 et multiplions les résultats, nous avons

$$f(1, 1) f(1, 0) f(0, 1) f(0, 0) = 0,$$

comme résultat final de l'élimination.

Or les quatre facteurs du premier membre de cette équation sont les quatre coefficients de l'expansion complète de $f(x, y)$, premier membre de l'équation donnée.

D'où cette règle : Pour éliminer d'une équation de la forme $V = 0$ un nombre quelconque de symboles x, y, etc., développer complétement le premier membre de cette équation en constituants des symboles donnés ; multiplier ensemble tous les coefficients de ces constituants et égaler le produit à 0.

Appliquons ces règles à un exemple. Soit la définition de la richesse de Senior : « La richesse consiste en choses susceptibles d'échange, limitées en quantité, et qui produisent le plaisir ou préviennent la douleur. »

Représentons richesse   par w,

choses limitées en quantité   par s,

choses échangeables   par t,

choses produisant le plaisir   par p,

choses prévenant la douleur   par r,

nous avons :

$$w = st \{ pr + p\ (1\text{-}r) + r\ (1\text{-}p) \},$$

ou $$w = st \{ p + r\ (1\text{-}p) \}.$$

De cette équation, nous pouvons éliminer tous les symboles dont nous ne désirons pas tenir compte.

En premier lieu, que devient l'expression de w quand on élimine l'élément r?

Faisant passer tous les termes de l'équation dans le premier membre, nous avons :

$$w - st\ (p + r\text{-}rp) = 0.$$

Faisant $r = 1$, le premier membre devient $w - st$; faisant $r = 0$, il devient $w - stp$; d'où nous avons, d'après la règle d'élimination,

$$(w\text{-}st)\ (w\text{-}stp) = 0,$$

ou $$w\text{-}wstp - wst + stp = 0,$$

d'où $$w = \frac{stp}{st + stp - 1},$$

équation dont le second membre développé donne :

$$w = stp + \frac{0}{0}\ st\ (1\text{-}p).$$

Ce qui, d'après les règles d'interprétation plus haut déterminées, signifie : La richesse est constituée par toutes les choses limitées en quantité, susceptibles d'échange, et produisant le plaisir, avec un reste indéterminé de choses limitées en quantité, susceptibles d'échange et ne produisant pas le plaisir.

Supposons, en second lieu, qu'on demande la description de s par rapport à w, à t et à p, mais en négligeant tout rapport de s à r. De l'équation

$$w - s\,(wt + wtp - tp) = 0,$$

nous tirons
$$s = \frac{w}{wt + wtp - tp},$$
d'où par développement :

$$s = wtp + wt\,(1\text{-}p) + \frac{1}{0}\,w\,(1\text{-}t)\,p + \frac{1}{0}\,w\,(1\text{-}t)\,(1\text{-}p) + 0\,(1\text{-}w)\,tp$$

$$+ \frac{0}{0}\,(1\text{-}w)\,t\,(1\text{-}p) + \frac{0}{0}\,(1\text{-}w)\,(1\text{-}t)\,p + \frac{0}{0}(1\text{-}w)\,(1\text{-}t)\,(1\text{-}p),$$

ce qui signifie : Les choses limitées en quantité sont toute richesse susceptible d'échange et produisant le plaisir, toute richesse susceptible d'échange et non productive de plaisir, plus une somme indéfinie de choses qui ne sont pas la richesse, mais qui sont susceptibles d'échange sans produire de plaisir, ou non susceptibles d'échange mais productives de plaisir, ou qui, tout à la fois, ne sont pas susceptibles d'échange et ne produisent pas le plaisir.

Des termes dont les coefficients sont $\frac{1}{0}$ nous pouvons tirer en outre les deux relations indépendantes :

1° Il n'y a pas de richesse qui ne soit pas susceptible d'échange et qui en même temps produise le plaisir.

2° Il n'y a pas de richesse qui ne soit pas susceptible d'échange et qui ne produise pas le plaisir.

Si l'on demande d'éliminer deux ou plusieurs symboles d'une équation proposée, nous pouvons, ou bien employer la méthode décrite plus haut :

$$f\,(1,1)\,f\,(1,0)\,f\,(0,1)\,f\,(0,0) = 0,$$

ou les éliminer un à un, successivement, en tel ordre qu'on voudra.

De l'équation

$$w = st \, (p + r - pr),$$

nous avons éliminé r et obtenu

$$w - wst - wstp + stp = 0.$$

Si l'on demandait d'éliminer à la fois r et t, nous pourrions prendre pour point de départ le résultat de l'élimination de r et en éliminer t.

Faisant $t = 1$, le premier membre de l'équation devien

$$w - ws - wsp + sp.$$

Faisant $t = 0$, il devient :

$$w.$$

Multipliant ces deux membres l'un par l'autre, et égalant le produit à 0, nous avons :

$$w \, (w - ws - wsp + sp) = 0,$$

ou

$$w - ws = 0.$$

Donc

$$w = \frac{0}{1 \text{-} s} = \frac{0}{0} s,$$

ce qui signifie : Toute richesse est limitée en quantité[1].

De même façon, on éliminerait tels autres symboles de l'équation donnée.

VII. La méthode générale d'élimination, dont nous venons d'exposer les principes et les règles, n'est applicable qu'à une seule équation, c'est-à-dire à une seule prémisse. En fait, les prémisses d'un raisonnement déductif sont le plus souvent au nombre de deux ; en droit, rien n'empêche que le nombre en soit illimité. La question qui se pose maintenant est celle de savoir

---

1. Dans tous les calculs qui précèdent, il faut toujours avoir présente à l'esprit la loi fondamentale des symboles logiques, susceptibles seulement des valeurs numériques 1 et 0, $x^2 = x$.

s'il est possible, dans un système de prémisses formé
d'un nombre quelconque d'équations, d'éliminer un
nombre quelconque de symboles, ce qui revient à se
demander s'il est possible de réduire un système quelconque d'équations logiques à une équation unique
équivalente, à laquelle les méthodes que nous venons
de décrire soient applicables.

Cette réduction peut être opérée par la méthode suivante :

1er *cas.* — Si $V_1 = 0$, $V_2 = 0$ sont des équations
telles que l'expansion de leurs premiers membres
contienne seulement des constituants affectés de coefficients positifs, ces équations peuvent être unies ensemble par addition en une équation unique équivalente.

En effet, si At représente un terme du développement de la fonction V_1, Bt le terme correspondant du
développement de V_2 et ainsi de suite, le terme correspondant dans le développement de l'équation,

$$V_1 + V_2 + \text{etc.} = 0, \qquad [1]$$

formée par l'addition des équations données, sera :

$$(A + B, \text{etc.}) \, t.$$

Mais comme, par hypothèse, aucun des coefficients
A, B, etc., n'est négatif, le coefficient total $A + B + $ etc.,
dans l'équation dérivée, s'évanouira seulement quand
les coefficients distincts A, B, etc., s'évanouiront ensemble. Par conséquent, tous les constituants des équations distinctes $V_1 = 0$, $V_2 = 0$, etc., se trouveront
dans le développement de l'équation [1]; d'où l'interprétation de l'équation [1] sera équivalente aux interprétations collectives des différentes équations d'où
elle est dérivée.

2e *cas.* — Si $V_1 = 0$, $V_2 = 0$, etc., représentent un système quelconque d'équations, dont les termes ont été placés par transposition dans le premier membre, l'interprétation combinée du système sera contenue dans l'équation unique :

$$V_1^2 + V_2^2 + \text{etc.} = 0,$$

formée par l'addition des carrés des équations données.

En effet, soit une équation du système $V_1 = 0$, donnant par expansion l'équation :

$$a_1 t_1 + a_2 t + \text{etc.} = 0,$$

dans laquelle t_1, t_2, etc., sont les constituants, et a_1, a_2, etc., les coefficients correspondants, l'équation $V_2 = 0$ donnera par développement l'équation :

$$a_1^2 t_1 + a_2^2 t_2 + \text{etc.} = 0.$$

Par conséquent les constituants, contenus dans l'expansion de l'équation $V_1^2 = 0$ sont les mêmes que ceux de l'expansion de l'équation $V_2 = 0$, et ils ont des coefficients positifs. La même remarque s'applique aux équations $V_2^2 = 0$, etc., d'où il suit que l'équation

$$V_1^2 + V_2^2 + \text{etc.} = 0,$$

aura une interprétation équivalente à celle du système d'équations

$$V_1 = 0, \ V_2 = 0, \ \text{etc.}$$

3e *cas*. — Quand les équations d'un système ont été par l'élévation au carré, ou par tout autre procédé, ramenées à une forme telle que tous les constituants qui se trouvent dans leur expansion aient des coefficients positifs, toute équation dérivée, obtenue par élimination, possédera le même caractère et pourra être combinée par addition avec les autres équations.

Supposons qu'on ait éliminé un symbole x d'une équation $V = 0$, telle qu'aucun des constituants de l'expansion de son premier membre n'ait de coefficient négatif, l'expansion peut être écrite sous la forme

$$V_1 x + V_2 (1 - x) = 0,$$

V_1, V_2 étant chacun de la forme

$$a_1 t_1 + a_2 t_2 \ldots + a_n t_n,$$

où t_1, t_2,... t_n sont constituants des autres symboles, et a_1, a_2,... a_n, des quantités positives ou nulles. Le résultat de l'élimination est

$$V_1 V_2 = 0;$$

et, comme aucun des coefficients de V_1 et de V_2 n'est négatif, il ne peut y avoir de coefficients négatifs dans le produit $V_1 V_2$. Par suite, l'équation $V_1 V_2 = 0$ peut être ajoutée à toute autre équation dont les coefficients sont positifs, et l'équation qui en résultera comprendra la signification entière de celles dont elle sera formée.

Il reste à rechercher quelles équations logiques rentrent dans les cas que nous venons de distinguer.

Nous connaissons les principaux types de propositions :

1° Celles dont le sujet est universel et le prédicat particulier :

$$X = vY,$$

X et Y satisfaisant à la loi de dualité. Eliminant v, nous avons

$$X (1-Y) = 0, \qquad [1]$$

qui satisfait à la même loi. Il n'est pas nécessaire, pour réduire ces propositions, de les élever au carré.

2° Celles dont les deux termes sont universels :

$$X = Y,$$

X et Y satisfaisant séparément à la loi de dualité. Ecrivant l'équation sous la forme $X - Y = 0$, et l'élevant au carré, nous avons :

$$X - 2XY + Y = 0,$$

ou
$$X (1-Y) + Y (1-X) = 0, \qquad [2]$$

dont le premier membre satisfait à la loi de dualité.

3° Celles dont les deux termes sont particuliers :

$$vX = vY.$$

Ici, v n'est pas arbitraire et ne peut, par suite, être éliminé; il représente en effet *quelques*. Nous devons donc faire passer le second membre dans le premier et élever au carré l'équation résultant :

$$vX (1-Y) + vY (1-X) = 0.$$

Concentrons dans une règle unique ces résultats divers : « Les équations ayant été exprimées de façon à ce que les termes X et Y des formes typiques obéissent à la loi de dualité, changer les équations :

$$X = vY \text{ en } X (1-Y) = 0,$$
$$X = Y \quad \text{en } X (1-Y) + Y (1-X) = 0,$$
$$vX = vY \text{ en } vX (1-Y) + vY (1-X) = 0.$$

Toute équation donnée sous la forme $X = 0$ n'a pas besoin d'être transformée, et toute équation qui se présente sous la forme $X = 1$ peut être remplacée par $1 - X = 0$.

Quand les équations du système donné ont été ainsi réduites, elles peuvent, ainsi que celles qui en dérivent par élimination, être combinées par addition.

Appliquons ces règles à un exemple.

Soient comme prémisses les deux propositions suivantes de géométrie :

1° Les figures semblables sont celles dont les angles correspondants sont égaux et les côtés correspondants proportionnels;

2° Les triangles dont les angles correspondants sont égaux ont les côtés correspondants proportionnels, et *vice versa*.

Si l'on représente *semblables* par s,

triangles par t,

ayant les angles égaux par q,

ayant les côtés proportionnels par r,

les prémisses donneront les équations :

$$s = qr, \qquad [1]$$
$$tq = tr. \qquad [2]$$

Faisant passer tous les termes de ces équations dans le premier membre, élevant chacune d'elles au carré, et les additionnant, nous avons :

$$s + qr - 2qrs + tq + tr - 2tqr = 0. \qquad [3]$$

On demande une description des figures dissemblables, formée des termes t, q, r.

De l'équation [3] nous tirons :

$$s = \frac{tq + qr + rt + tqr}{2qr - 1}.$$

Donc

$$1 - s = \frac{qr - tq - rt + 2tqr - 1}{2 \, qr - 1}; \qquad [4]$$

développant le second membre de [4], nous obtenons

$$1-s = 0tqr + 2tq\,(1-r) + 2tr\,(1-q) + t\,(1-q)\,(1-r) + 0\,(1-t)\,qr$$
$$+ (1-t)\,q\,(1-r) + (1-t)\,r\,(1-q) + (1-t)\,(1-q)\,(1-r). \qquad [5]$$

Dans cette expansion, deux termes ont le coefficient 2 ; on doit donc les égaler à 0 ; alors, les termes dont les coefficients sont 0 étant rejetés, on a :

$$1-s = t\,(1-q)\,(1-r) + (1-t)\,q\,(1-r) + (1-t)\,r\,(1-q) +$$
$$(1-t)\,(1-q)\,(1-r). \qquad [6]$$
$$tq\,(1-r) = 0, \qquad [7]$$
$$tr\,(1-q) = 0, \qquad [8]$$

équations dont voici l'interprétation directe :

1° Les figures dissemblables sont constituées par tous les triangles qui n'ont pas les angles correspondants égaux ni les côtés correspondants proportionnels, ou qui ont les côtés correspondants proportionnels et les angles inégaux, ou qui n'ont ni angles correspondants égaux, ni côtés correspondants proportionnels.

2° Il n'y a pas de triangles qui aient à la fois les angles correspondants égaux et les côtés correspondants non proportionnels.

3° Il n'y a pas de triangles qui aient à la fois les angles correspondants inégaux et les côtés correspondants proportionnels.

VIII. Tout ce qui a été dit jusqu'ici se rapporte exclusivement aux propositions primaires (Voy. § II). Mais il est d'autres propositions qui ont pour objet non des choses ou des idées de choses, mais des propositions considérées comme vraies ou comme fausses. Ce sont les propositions secondaires, qui comprennent tous les jugements par lesquels nous exprimons une relation ou une dépendance entre propositions. Telles sont, par exemple, les propositions conditionnelles : « Si le soleil brille, le jour sera beau ; » les propositions disjonctives : « Le soleil brillera, ou la partie sera remise. » Ces sortes de propositions apparaissent aussi souvent dans les raisonnements ordinaires de la vie que les propositions primaires ; les moralistes et les métaphysiciens eux-mêmes raisonnent moins souvent sur les choses et leurs qualités que sur les principes et les hypothèses relatives aux vérités et à leurs connexions mutuelles. Il est donc important d'établir une méthode générale pour le traitement des propositions secondaires.

Un caractère commun à toutes ces propositions, c'est d'impliquer une relation de *temps*. Quand nous disons, par exemple : Si la proposition X est vraie, la proposition Y l'est aussi, nous entendons que le temps dans lequel la proposition X est vraie est le temps dans lequel la proposition Y l'est aussi. Ce n'est pas là sans doute tout le sens de l'assertion; mais cela suffit pour ce que nous nous proposons.

Si l'on représente par X, Y, Z les propositions élémentaires engagées dans les raisonnements, par x, y, z, les temps pendant lesquels elles sont vraies, par $+$, $-$, $=$ l'addition, la soustraction et l'égalité de ces temps, par 0 le néant du temps, par 1 la totalité du temps, on aura évidemment :

$$x + y = y + x,$$
$$xy = yz,$$
$$x \, (y + z) = xy + xz,$$
$$x^2 = x,$$
$$x \, (1\text{-}x) = 0,$$

lois formelles identiques à celles qui régissent l'expression des propositions primaires.

Interprétons maintenant ces symboles.

Comme 1 désigne la totalité du temps, et x la portion de ce temps pendant laquelle la proposition X est vraie, 1-x désigne la portion supplémentaire pendant laquelle la proposition X est fausse; comme xy désigne la portion du temps pendant laquelle les propositions X et Y sont vraies toutes les deux, $x \, (1\text{-}y)$ représentera le temps pendant lequel la proposition X est vraie et la proposition Y fausse; $(1\text{-}x) \, (1\text{-}y)$ représentera le temps pendant lequel les propositions X et Y sont simultanément fausses; $x \, (1\text{-}y) + y \, (1\text{-}x)$ exprimera le temps pendant lequel les propositions X et Y sont vraies à l'exclusion l'une de l'autre; $xy + (1\text{-}x) \, (1\text{-}y)$ représentera le temps pendant lequel les propositions X et Y sont vraies ou fausses toutes les deux à la fois, et ainsi du reste.

Mais ce n'est là qu'un élément des propositions. Comment exprimer les propositions elles-mêmes ? Il faut distinguer plusieurs cas :

1° Exprimer la proposition : « La proposition X est vraie. » — Aucune restriction de temps n'est énoncée; on doit donc entendre que la proposition X est vraie en tout temps; comme x représente le temps pendant lequel la proposition X est vraie, et que ce temps est tout le temps,

$$x = 1$$

sera l'expression symbolique demandée.

2° Exprimer la proposition : « La proposition X est fausse. » — Comme là encore aucune restriction de temps n'est énoncée, le temps x pendant lequel la proposition X est vraie est égal à 0,

$$x = 0.$$

3° Exprimer la proposition disjonctive : « Ou la proposition X, ou la proposition Y est vraie, » étant entendu que ces propositions sont mutuellement exclusives. — Nous savons que $x(1-y) + y(1-x)$ représente le temps pendant lequel l'une ou l'autre des propositions X et Y est vraie; donc

$$x(1-y) + y(1-x) = 1$$

est l'expression demandée.

4° Exprimer la proposition conditionnelle : « Si la proposition Y est vraie, la proposition X l'est aussi. » — Il suffit d'exprimer que le temps pendant lequel la proposition X est vraie est le temps pendant lequel la proposition Y l'est aussi. Cela revient à dire : il y a une partie indéterminée du temps total pendant laquelle la proposition Y est vraie. Maintenant le temps pendant lequel la proposition Y est vraie est y, et le temps pendant lequel la proposition X est vraie est x; soit v le symbole d'un temps indéterminé, vx représentera une partie indéterminée du temps x. Nous avons donc :

$$y = vx.$$

5° Exprimer une proposition à la fois conditionnelle et disjonctive.

Il faut distinguer trois cas :

1° Si X ou Y est vrai, Z est vrai.

2° Si X est vrai, Y ou Z est vrai.

3° Si X ou Y est vrai, Z et W sont vrais ou faux ensemble.

D'après les principes posés plus haut, nous avons comme expressions symboliques de ces trois cas :

1° $x(1-y) + (1-x)y = vz,$

2° $x = v\{ y(1-z) + z(1-y) \},$

3° $x(1-y) + y(1-x) = v\{ zw + (1-z)(1-w) \}.$

On voit par ce qui précède que la combinaison des symboles logiques, qu'ils expriment des propositions primaires ou des propositions secondaires, est toujours soumise aux mêmes lois formelles; il n'y a, d'un cas à l'autre, qu'une différence d'interprétation. Ainsi les règles des procédés fondamentaux d'expansion et d'élimination sont les mêmes dans les deux cas.

Mettons la méthode à l'épreuve sur un exemple assez complexe.

On trouve dans le deuxième livre de la *République* de Platon l'argument suivant en faveur de l'immutabilité divine : « Lorsqu'un être quitte sa forme naturelle, n'est-il pas nécessaire que ce changement vienne de lui ou d'un autre? — Oui. — Mais les choses les mieux constituées sont aussi les moins sujettes au changement de la part des causes étrangères : par exemple, les corps les plus sains et les plus robustes sont les moins affectés par la nourriture et le travail. Il en est ainsi des plantes par rapport aux vents, à l'ardeur du soleil et aux outrages des saisons. — Cela est certain.

— L'âme n'est-elle pas aussi d'autant moins troublée et altérée par les accidents extérieurs qu'elle est plus courageuse et plus sage ? — Oui. — Pour la même raison, les ouvrages de main d'homme, les édifices, les vêtements résistent au temps et à tout ce qui peut les détruire, à proportion qu'ils sont bien travaillés et formés de bons matériaux. — Sans doute. — En général donc, tout ce qui est parfait, qu'il tienne sa perfection de la nature ou de l'art, ou de l'une et de l'autre, est très-peu sujet au changement de la part d'une cause étrangère. — Cela doit être. — Mais Dieu et tout ce qui appartient à sa nature est parfait. — Oui. — Ainsi donc, à le considérer de ce côté, il n'est nullement susceptible de recevoir plusieurs formes. — Non. — Se changerait-il donc de lui-même ? — Il est évident que, s'il se faisait quelque changement en Dieu, il ne pourrait venir d'ailleurs. — Ce changement serait-il en bien ou en mal ? — Ce serait une nécessité qu'il se fît en mal, car nous n'avons garde de dire de Dieu qu'il lui manque aucun degré de beauté et de vertu. — Tu dis bien ; cela posé, crois-tu, Adimante, que qui que ce soit, homme ou Dieu, prenne de lui-même une forme moins belle que la sienne ? — Cela est impossible. — Il est donc impossible que Dieu veuille se changer, et chacun des dieux, très-beau et très-bon de sa nature, conserve toujours la forme qui lui est propre. »

Dégageons les prémisses de cet argument. Elles sont au nombre de six :

1° Si Dieu souffre quelque changement, il est changé par lui-même ou par un autre être ;

2° Si Dieu est parfait, il n'est pas changé par un autre être ;

3° Dieu est parfait ;

4° Si Dieu est changé par lui-même, il est changé en mal ;

5° Si Dieu agit volontairement, il n'est pas changé en mal ;

6° Dieu agit volontairement.

Exprimons les éléments de ces prémisses de la façon suivante :

x représentera la proposition : « Dieu souffre quelque changement » ;

y, la proposition « il est changé par lui-même » ;

z, la proposition : « Il est changé par un autre que lui » ;

s, la proposition : « Il est parfait ;

t, la proposition: « Il est changé en mal » ;

w, la proposition « il agit volontairement. »

Les prémisses, exprimées en langage symbolique, donnent lieu, après élimination des symboles indéterminés v, aux équations suivantes :

$$xyz + x (1-y) (1-z) = 0, \qquad [1]$$
$$sz = 0, \qquad [2]$$
$$s = 1, \qquad [3]$$
$$y (1-t) = 0, \qquad [4]$$
$$wt = 0, \qquad [5]$$
$$w = 1. \qquad [6]$$

Éliminons successivement z, s, y, t et w, et interprétons les résultats obtenus.

Éliminant z de [1] et de [2], nous avons :

$$xs (1-y) = 0. \qquad [7]$$

Éliminant s de [3] et de [7],

$$x(1-y) = 0, \qquad [8]$$

Éliminant y de [4] et de [8],

$$x(1-t) = 0. \qquad [9]$$

Éliminant t de [5] et de [9],

$$xw = 0. \qquad [10]$$

Éliminant w de [6] et de [10],

$$x = 0, \qquad [11]$$

Ces équations, à partir de [8], donnent les résultats suivants :

De [8], nous avons :

$$x = \frac{0}{0}\, y.$$

Si Dieu souffre quelque changement, il est changé par lui-même.

De [9], nous avons :

$$x = \frac{0}{0}\, t.$$

Si Dieu souffre quelque changement, il est changé en mal.

De [10], nous avons :

$$x = \frac{0}{0}\, (1-w).$$

Si Dieu souffre quelque changement, il n'agit pas volontairement.

De [11] :

$$x = 0.$$

Dieu ne souffre pas de changement, ce qui est la conclusion de Platon.

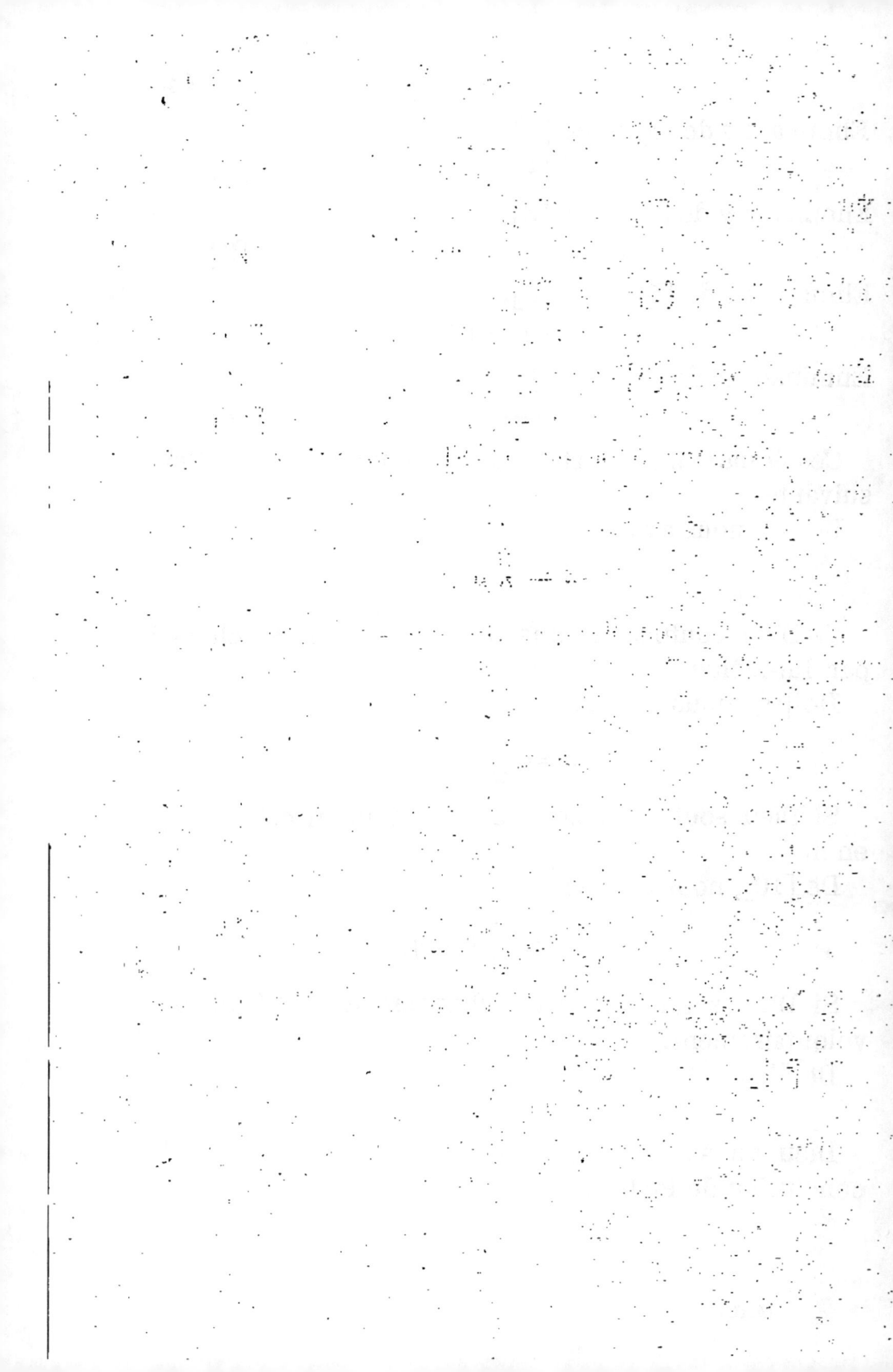

CHAPITRE VI

STANLEY JEVONS

I. M. Stanley Jevons [1] est un disciple de Boole, mais un disciple indépendant et original. Du maître, il accepte le principe, mais non la méthode. Boole a le

1. M. W. Stanley Jevons a été professeur de logique à Owen's College, à Manchester ; il est aujourd'hui professeur d'économie politique à University College, à Londres. Ses ouvrages de logique sont : *Pure Logic, or the logic of quality apart from quantity, with remarks on Boole's system and on the relation of logic and mathematics*, London, 1864, 1 vol. in-12. — *The substitution of similars, the true principle of Reasonning, derived from a modification of Aristotle's dictum*, London, 1869, 1 vol. in-12. — *On a general system of numerically definite reasoning*. Vol. 4e de la 3e série des *Mémoirs of the litterary and philosophical Society of Manchester*, 1870. — *Elementary Lessons on Logic deductive and inductive, with copious questions and examples, and a vocabulary of logical terms*, London, 1870, 1 vol. in-18. — *On the mechanical Performance of Logical inference*, dans les

premier posé le problème logique dans toute sa généralité : étant données certaines prémisses ou conditions logiques, déterminer la description d'une classe quelconque d'objets sous ces conditions. Mais si par une vue de génie comparable à celle de Descartes appliquant la géométrie à la solution générale des équations algébriques, Boole a étendu la puissance et le champ de la logique, il a plutôt montré la possibilité de résoudre le problème, qu'il n'en a donné une solution claire et définitive. Le moindre défaut du système qu'il propose est de voiler les procédés simples du raisonnement déductif sous de mystérieuses opérations algébriques, d'employer des symboles obscurs, parfois même incompréhensibles [1], et de faire ainsi de la logique, cette chose de tous, la chose de quelques initiés aux mathématiques. Ce système est-il du moins conforme aux lois de la pensée ? — M. Stanley Jevons y relève deux vices fondamentaux qu'il importe de mettre en relief, pour comprendre l'originalité de son propre système sans en méconnaître la filiation.

En premier lieu, les symboles de Boole sont essentiellement différents des noms ou symboles du langage ordi-

---

Philosophical Transactions of the Royal Society, 1870, vol. 160, p. 497. — *On the inverse, or inductive logical problem*, dans le 5e vol. de la 3e série des Memoirs of the litterary and philosophical Society of Manchester, 1872. — *The Principles of science : a treatise on logic and scientific method*, London, 1874, 2 vol. in-8°, 2e éd. 1877, ouvrage considérable, où l'auteur se montre, de l'aveu de ses compatriotes, l'émule souvent heureux des plus grands méthodologistes de l'Angleterre, Whewell, Herschel et Stuart Mill. — Enfin *Logic*, petit manuel publié en 1876 parmi les *Science primers* de Macmillan, London. Les ouvrages élémentaires de M. Stanley Jevons sont classiques, non-seulement en Angleterre, mais aussi en Amérique.

1. Des critiques analogues ont été faites récemment au système de Boole par M. Ernst Schröder, *Der operationskreis des logikkalkuls*, Leipzig, 1877.

naire, et par suite sa logique n'est pas la logique de la pensée commune. Dans le discours, nous usons fréquemment des mots *et* et *ou* pour unir différents termes ; mais nous n'entendons pas que les termes unis ainsi sont des contraires logiques qui ne peuvent être affirmés de la même chose sans contradiction. Nous disons par exemple : un pair est ou duc, ou comte, ou baron, etc., sans que cette énonciation implique nécessairement qu'un pair ne peut avoir que l'un ou l'autre de ces titres : témoin le prince de Galles, qui est à la fois duc de Cornwall, comte de Chester, baron Renfrew, etc. La conjonction et la disjonction logiques ne marquent pas essentiellement des alternatives exclusives, et la preuve, c'est que si nous examinons avec soin les œuvres des écrivains classiques, nous verrons que le sens des termes unis par les mots *et* et *ou* varie de l'identité absolue à l'opposition absolue. C'est donc une question de *matière*, et non pas une question de *forme*, que celle de savoir si deux termes différents sont ou non exclusifs l'un de l'autre.

Boole l'entend autrement. Pour lui, les termes unis par le signe $+$ sont des contraires logiques, des classes absolument distinctes l'une de l'autre, de telle sorte qu'aucun membre de l'une ne peut en même temps se rencontrer dans l'autre. Il aboutit ainsi à des absurdités manifestes.

Prenons sa proposition :

$$x = y + z,$$

et soit

$x = $ César,

$y = $ conquérant de la Gaule,

$z = $ premier empereur romain.

Il n'est pas absurde de dire : César est le conquérant de la Gaule et le premier empereur romain ; il n'y a

rien dans le caractère logique des termes unis par le
signe $+$ qui permette de décider si le conquérant de
la Gaule et le premier empereur romain sont une seule
et même personne. Mais prenons maintenant l'inférence

$$x - z = y,$$

qu'on obtient, dans le système de Boole, en retranchant
z des deux membres de l'équation $x = y + z$, et nous
aboutissons à cette étrange conclusion : César, *pourvu
qu'il ne soit pas* le premier empereur romain, est le
conquérant de la Gaule [1].

Ces vues erronées sur la nature de l'alternative logique sont une conséquence d'une erreur plus profonde
sur les rapports du nombre et des notions logiques.
On a vu, au chapitre précédent, que Boole, après avoir
posé ses symboles et établi les lois qui les régissent, est
conduit à considérer le calcul logique comme un calcul
algébrique dans lequel les inconnues sont uniquement
susceptibles des valeurs 1 et 0. C'est enchaîner la logique pure à une condition qui la transforme en un
système purement numérique, dont les conclusions ne
reprennent un sens logique que grâce à une interprétation ultérieure et conventionnelle. Pour que cette
procédure fût légitime, il faudrait que le nombre fût
antérieur et supérieur à toute notion et à toute condition logiques ; alors le raisonnement qualitatif des anciens logiciens serait uniquement un cas particulier du
calcul, et la logique proprement dite serait vraiment
tributaire de l'algèbre. Mais, en fait et en droit, le nombre
est déterminé par certaines conditions logiques. Pour
le prouver, analysons l'idée de nombre.

Nombre est synonyme de diversité ; l'identité est

---

1. *Pure Logic*, ch. XV, 177 à 183.

unité; la différence seule produit la pluralité. Toute
notion abstraite possède une certaine unité : la *justice*,
par exemple, est la même dans tous les actes justes qui
la manifestent ; en elle, il n'y a rien par quoi nous puissions distinguer la justice de la justice. Mais si la *justice*
est partout et toujours identique à elle-même, et par
conséquent une, des *actes justes* peuvent être discernés
les uns des autres, et par suite comptés. En tant que
justes, ils sont identiques les uns aux autres ; mais ils
diffèrent les uns des autres par mainte circonstance de
temps, de lieu, etc. La pluralité naît donc de la diversité.

Il est donc faux de dire, comme on l'a fait souvent,
que les unités sont unités en tant qu'elles sont parfai-
tement semblables; trois choses absolument identiques
se confondraient en une seule. Ce qui est vrai, c'est que
les unités sont unités en tant qu'elles sont logiquement
contraires. Que trois ou plusieurs choses aient quelques caractères communs qui permettent de les réunir
en une même espèce, rien de mieux ; mais, pour qu'elles
puissent être comptées, il faut qu'elles puissent être
distinguées les unes des autres, et, pour cela, que quelque circonstance permette de les discerner. Tantôt
c'est l'espace, tantôt le temps, tantôt la qualité seule
qui sont les fondements de la différence. Ainsi trois
pièces d'or , si semblables entre elles qu'on les imagine, sont *trois*, parce qu'elles occupent dans l'espace
des places différentes ; quatre oscillations pendulaires
de même durée et de même amplitude sont *quatre*,
parce qu'elles sont successives. De même encore, dans
une pièce d'or , nous pouvons dire que le poids, la
dureté, la couleur sont *trois* qualités, parce que nos
sens ne les confondent pas. En un mot, toute différence est une source de pluralité. On doit donc définir

le nombre abstrait : *la forme vide de la différence* [1].

La logique n'est donc pas subordonnée à la science du nombre ; c'est elle au contraire qui détermine les conditions du nombre. Par conséquent, l'algèbre n'est pas antérieure et supérieure à la logique ; elle n'est, au contraire, qu'une logique développée. Dès lors, le traitement des symboles logiques ne doit pas être soumis à des conditions purement algébriques. Il faut donc, tout en retenant les termes du problème tel que Boole l'a posé, renverser, pour le résoudre, l'ordre hiérarchique qu'il a établi entre l'algèbre et la logique pure. De cette façon, on rejettera l'appareil mathématique de son système, les symboles obscurs et mystérieux, et les opérations logiquement incompréhensibles, et, dégagée de toute superfétation étrangère, la logique apparaîtra en toute sa simplicité et en toute sa généralité.

II. Le raisonnement formel est ou déductif ou inductif. Déduire et induire sont deux opérations inverses. — Tout raisonnement implique des propositions, et toute proposition, des termes. Les termes sont ou positifs ou négatifs : positifs, quand ils connotent la possession de la qualité qu'ils désignent ; négatifs, quand ils connotent l'absence de cette même qualité ; tels sont : homme, non-homme ; blanc, non-blanc ; grand, non-grand.

Symboliquement, les termes seront exprimés par les lettres de l'alphabet : les termes positifs, par les majuscules ; les termes négatifs correspondants, par les minuscules italiques correspondantes. Si par exemple A signifie *homme*, *a* signifiera *non-homme*.

Souvent un terme est composé de plusieurs termes

---

1. *Pure Logic*, ch. XV, 184 à 192 ; *Princip. of Sci.*, B. II, ch. 8.

plus simples. On en formera l'expression symbolique en juxtaposant les symboles spéciaux de chaque terme composant. Soit par exemple cette proposition : l'or est un métal jaune, bon conducteur de la chaleur et de l'électricité, d'une densité égale à 20,688 ; si A désigne métal ; B jaune ; C, bon conducteur de la chaleur et de l'électricité ; D, d'une densité égale à 20,688, l'expression complète du prédicat sera ABCD, et la classe complexe ABCD comprendra tous les êtres qui possèdent à la fois les attributs connotés par A, par B, par C, par D. S'il s'agit d'exprimer une classe d'êtres qui possèdent à la fois tous ces attributs moins un, D par exemple, on aura ABCd.

On peut maintenant déterminer les lois de ces symboles. Ils sont doués, comme Boole l'a reconnu, de la propriété *commutative*. En négligeant les particularités grammaticales et littéraires qui règlent, dans le langage, l'ordre de venue des substantifs, des adjectifs, etc., pour s'attacher uniquement à la signification logique des termes, on voit aisément que l'ordre de distribution de ces termes et des symboles qui les représentent n'est d'aucune importance. Que je dise ABC, ou BCA, ou ACB, ou CAB, ou CBA, le résultat est toujours le même ; je désigne, en chacun de ces cas, les êtres possédant à la fois les propriétés connotées par A, par B et par C. Cette loi est commune aux symboles logiques et aux symboles algébriques.

Une autre loi, propre celle-là aux symboles logiques, que Boole a reconnue et désignée par le nom impropre de *loi de dualité* [1], est celle qui rend inefficace la répétition d'un même terme. Dire : objet rond, ou : objet rond, rond, ou : objet rond, rond, rond, etc.,

1. V. *supra*, p. 110.

c'est identiquement la même chose. Donc, symboliquement :

$$A = AA = AAA, \text{ etc.}$$
$$a = aa = aaa, \text{ etc.}$$

Cette loi, M. Jevons l'appelle *loi de simplicité* [1].

III. Cela posé, les propositions, considérées en leur
matière, expriment des rapports variés de temps, de
lieu, de manière d'être, de qualité, de quantité, de degré, de causalité, etc.; mais, considérées en leur *forme*,
la seule chose dont la logique ait à tenir compte, elles
expriment toutes l'identité du sujet et du prédicat.
M. Stanley Jevons, comme Hamilton et Boole, quantifie
donc le prédicat, et il admet que le verbe doit être,
dans l'expression symbolique des propositions, rem-
placé par la copule =. Mais il distingue trois sortes
d'identités logiques : les identités simples, les identités
partielles et les identités limitées.

Les *identités simples*, de la forme A = B, ont été
complétement négligées par l'ancienne logique; elles
sont pourtant nombreuses et entrent dans maint raisonnement. Telles sont les propositions suivantes :
Jupiter est la plus grande des planètes; la reine d'Angleterre est l'impératrice de l'Inde; les triangles équilatéraux sont les triangles équiangles; le sel commun
est le chlorure de sodium, et toutes les définitions.
Dans chacune de ces propositions, sujet et prédicat dé-
notent exactement les mêmes individus, et il est lé-

---

1. *Pure Logic*, p. 15. *Princip. of Sci.*, B, I, ch. 2. La loi de
dualité $x^2 = x$ est, comme nous l'avons vu au précédent chapitre,
la clef de tout le calcul logico-algébrique de Boole. M. Jevons
est loin de faire le même usage de sa loi de simplicité; il la
note uniquement pour déterminer la relation de la logique et
des mathématiques.

gitime et naturel de les unir symboliquement par la
copule $=$.

Les *identités partielles*, de la forme $A = AB$, sont les
propositions que la logique péripatéticienne considérait
comme affirmant l'inclusion d'une classe dans une
autre classe plus étendue. Ainsi, les mammifères sont
vertébrés. Ici, le sujet et le prédicat, détachés l'un de
l'autre et considérés à part, sont loin de dénoter les
mêmes individus; pour employer les expressions con-
sacrées, *vertébrés* a plus d'extension que *mammifères*.
Mais il est évident, d'autre part, que la relation d'inclusion repose sur celle d'identité; les mammifères ne
peuvent être inclus dans les vertébrés s'ils ne sont pas
identiques à une partie des vertébrés. Donc, les mammifères $=$ ceux des vertébrés qui sont mammifères.
Pour exprimer ces propositions, il n'est pas besoin
d'user, à l'exemple de Boole, d'un symbole spécial de
la particularité; mieux vaut former, pour le prédicat,
une expression composée qui en désigne toute la signification. Si $A = $ *mammifères* et B vertébrés, l'expression de la proposition *les mammifères sont vertébrés*
sera l'équation $A = AB$. Le prédicat AB dénote exactement les mêmes individus que le sujet A, puisque
AB désigne les individus qui possèdent à la fois les
qualités A et B, c'est-à-dire, dans le cas particulier
pris pour exemple, *les vertébrés qui sont mammifères*.

Les *identités limitées*, de la forme $AB = AC$, sont
une troisième classe de propositions presque aussi
importante que les deux autres. Certaines choses peuvent n'être identiques que dans certaines limites et sous
certaines conditions. Si par exemple nous disons que
l'or est malléable, il est entendu que c'est seulement à
l'état solide. Par conséquent, si

$$A = \text{état solide,}$$
$$B = \text{or,}$$
$$C = \text{malléable,}$$

$B = C$ seulement dans les limites de A, ce que nous exprimerons en disant :

$$AB = AC.$$

Quant aux propositions négatives, comme elles affirment d'un sujet donné l'absence d'une ou de plusieurs qualités dénotées par le prédicat, il est aisé de les exprimer, tout en employant la copule $=$, à l'aide des termes négatifs. Soit cette proposition : le fer n'est pas fluide.

Si

$$A = \text{fer,}$$
$$B = \text{fluide,}$$

l'expression symbolique de la proposition sera

$$A = Ab.$$

Il pourra se présenter, dans la série des propositions liées en raisonnements, des identités simples, des identités partielles et des identités limitées entre termes négatifs :

$$a = b,$$
$$a = ab,$$
$$ab = bc.$$

IV. Toute proposition est donc au fond une identité. Il en résulte que le raisonnement, ou processus de rapports connus à des rapports inconnus, consiste à remplacer, dans une proposition ou dans un système de propositions, l'identique par l'identique, l'équivalent par l'équivalent, le semblable par le semblable. L'analytique ancienne procédait par inclusion et exclusion de notions; la logique générale, « écartant toutes les restrictions étroites du système d'Aristote, » procède par *substitution*, car, « dans toute relation, une chose est avec une autre chose dans le même rapport qu'elle est avec une chose identique, semblable ou équivalente à celle-ci, » ou encore, « dans un ensemble , nous pouvons remplacer une partie par son équivalent, sans altérer le tout. »

Ainsi l'unique principe du raisonnement en général est que ce qui est vrai d'une chose ou d'une circonstance est vrai de toute autre chose ou de toute autre circonstance identique ou équivalente , et l'unique procédé de raisonnement est la *substitution des semblables* [1].

V. Voyons maintenant à l'œuvre le procédé de substitution. Toutes ses opérations supposent les trois lois suivantes de la pensée : 1° la loi d'identité, ce qui est, est; 2° la loi de contradiction, une chose ne peut pas être à la fois et ne pas être; 3° la loi de dualité (loi du milieu exclu), une chose doit être ou ne pas être.

Tout raisonnement est déductif ou inductif; déduction ou induction sont deux procédés inverses; mais le second est *formellement* subordonné au premier [2]. « Il n'y a pas moyen de déterminer les lois qui sont réalisées dans certains phénomènes, si nous n'avons pas d'abord le pouvoir de déterminer *quels résultats dérivent d'une loi donnée*. De même que la division suppose la connaissance antérieure de la multiplication, de même que le calcul intégral repose sur les résultats du calcul différentiel, de même l'induction requiert une connaissance antérieure de la déduc-

1. Cf. *The subst. of simil.*
2. *Princ. of sci.*, B. I, ch. 4.

tion [1]. » Par conséquent, considérons d'abord le raisonnement déductif, et, dans le raisonnement déductif,
distinguons la déduction directe de la déduction indirecte.

Le cas le plus simple de la substitution des semblables dans la déduction directe est celui de l'inférence immédiate, qui consiste à joindre un qualificatif
aux deux membres d'une identité.

Ainsi de l'identité simple $A = B$,

on conclut $AC = BC$,
$$8 = 5 + 3,$$
$$8 + 2 = (5 + 3) + 2.$$

Plantes = corps décomposant l'acide carbonique.

Donc : plantes microscopiques = corps microscopiques décomposant l'acide carbonique.

De même, de l'identité partielle $A = AB$, on conclut

$$AC = ACB.$$

INFÉRENCES MÉDIATES. — *Premier cas* — Inférence
tirée de deux identités simples :

$$A = B,$$
$$B = C;$$

dans l'identité $A = B$, à B substituons son identique
C, et nous avons :

$$A = C.$$

La capitale de l'Angleterre = Londres,
Londres = la cité la plus populeuse du globe,
Donc la capitale de l'Angleterre = la cité la plus
populeuse du globe.

---

1. Cf. *Princ. of sci.*, B. I, ch. 6 ; *On the mechanical performance of Logical inference.*

Deuxième cas. — Inférence tirée d'une identité simple et d'une identité partielle :

$$A = B,$$
$$B = BC;$$

dans l'identité A = B, à B substituons son équivalent BC, et nous avons :

$$A = BC.$$

La plus haute montagne d'Europe = le Mont-Blanc,
Le Mont-Blanc = mont couvert de neige,
Donc la plus haute montagne d'Europe = mont couvert de neige.

Troisième cas. — Inférence d'une identité partielle, tirée de deux identités partielles, type des syllogismes de la première figure de l'ancienne logique :

$$A = AB,$$
$$B = BC;$$

dans l'identité A = AB, à B substituons son équivalent BC, et nous avons :

$$A = ABC.$$

Sodium = métal sodium,.
Métaux = métaux conducteurs de l'électricité ;
Donc sodium = métal sodium conducteur de l'électricité.

Quatrième cas. — Inférence d'une identité simple tirée de deux identités partielles :

$$A = AB,$$
$$B = AB;$$

dans l'identité A = AB, à AB substituons son équivalent B, et nous avons :

$$A = B.$$

Triangle équilatéral = triangle équiangle équilatéral,

Triangle équiangle = triangle équilatéral équiangle,

Donc triangle équilatéral = triangle équiangle.

Cinquième cas. — Inférence d'une identité limitée, tirée de deux identités partielles :

$$B = AB,$$
$$B = CB;$$

donc en substituant à B, dans l'identité B = CB, son équivalent AB, nous avons :

$$AB = CB.$$

Potassium = métal potassium,

Potassium = potassium flottant sur l'eau ;

Donc métal potassium = potassium flottant sur l'eau.

« Il y a là réellement, dit M. Stanley Jevons, un syllogisme du mode *darapti* dans la troisième figure, avec cette différence que nous obtenons une conclusion d'un caractère beaucoup plus exact que celle de l'ancien syllogisme. Des prémisses : le potassium est un métal et le potassium flotte sur l'eau, Aristote aurait conclu que quelque métal flotte sur l'eau ; mais, si l'on demande quel est ce *quelque métal*, la réponse sera certainement : le métal appelé potassium. »

VI. Les inférences précédentes ont toutes pour fondement l'application de la première loi de la pensée aux termes divers des identités. Mais là ne s'arrête pas le champ de la déduction. En employant les propositions disjonctives, et en y appliquant les lois de contradiction et de dualité, nous pouvons parvenir à des conclusions qui dépassent singulièrement la portée de la logique péripatéticienne. C'est ici que va se manifester, avec la fécondité du procédé de *substitution*, la simplification extrême qu'il apporte au système de Boole.

Nous savons en quels termes Boole a posé le problème général de la logique; nous savons aussi quel appareil complexe de procédés mathématiques il emploie à le résoudre. Il s'agit d'en donner, à l'aide du seul procédé de substitution, sous la garantie des lois de la pensée, une solution plus conforme à ces lois, plus simple, plus claire et tout aussi générale.

Déterminons d'abord la nature et les lois de la relation alternative. — Boole a pensé, après Hamilton, que toute alternative est logiquement exclusive, c'est-à-dire qu'aucun des objets dénotés par l'un de ses termes ne peut l'être en même temps par l'autre. D'autres, au contraire, ont soutenu que souvent des alternatives sont *compossibles*, c'est-à-dire que les différents termes en sont vrais en même temps des mêmes objets. Whately en cite l'exemple suivant: « La vertu tend à nous procurer ou l'estime de nos semblables, ou la faveur de Dieu, » et il ajoute : « Ici, les deux membres sont vrais, et par conséquent, en affirmant l'un, nous ne sommes pas autorisés à nier l'autre. » Whately a raison. Il y a des alternatives compossibles, de même qu'il y en a d'exclusives; mais c'est là une question de fait; la logique, par suite, ne doit pas considérer toute alternative comme exclusive. Là est l'erreur capitale de Boole; elle l'a conduit à subordonner la logique à l'algèbre, et à chercher dans les procédés du calcul numérique les moyens de résoudre le problème général de la logique. La condition fondamentale du nombre est que chaque unité doit être absolument distincte de toute autre unité. Telle n'est pas la condition essentielle des termes logiques. Aussi, pour résoudre le problème de la déduction en général, faut-il se garder d'importer dans la logique les conditions propres à la science des nombres.

Rappelons-nous que les lois de la pensée sont au nombre de trois : loi d'identité, une chose est identique avec elle-même; loi de contradiction, une chose ne peut pas, dans le même temps et au même lieu, posséder des attributs contradictoires; loi de dualité, toute chose doit ou posséder un attribut donné ou ne pas le posséder. Unies, ces trois lois nous permettent d'analyser tous les résultats d'une assertion quelconque, c'est-à-dire de déterminer la description d'une classe quelconque d'objets sous les conditions contenues dans cette assertion. La loi de dualité développe toutes les classes que peuvent constituer toutes les combinaisons possibles de ces conditions; la loi d'identité nous autorise à substituer à un terme ce qu'on affirme être identique à ce terme; enfin la loi de contradiction nous conduit à éliminer toute classe ou toute alternative contradictoire avec les conditions données.

Considérons des exemples très-simples. On donne la prémisse suivante : Un métal est un élément, et on demande de déterminer, d'après cette assertion, la description des corps composés ou non élémentaires.

Par la loi de dualité, je développe la classe *non-élément* en deux alternatives : ce qui est non-élément est ou métal ou non-métal. Mais, d'après la prémisse, un métal est un élément; substituant à *métal*, dans la première alternative, son équivalent, *élément*, j'aboutis à cette assertion : un non-élément est un élément. La loi de contradiction me force à exclure cette alternative; reste donc l'autre alternative : un non-élément est un non-métal. C'est le résultat demandé.

Soient maintenant les deux prémisses :

Le fer est un métal,   [1]
Un métal est un élément.   [2]

Nous pouvons, en appliquant aux termes combinés de ces prémisses la loi de dualité, obtenir les combinaisons suivantes :

Le fer est un métal élément,	[α]
ou un métal non-élément,	[β]
ou un non-métal élément,	[γ]
ou un non-métal non-élément.	[δ]

Mais la prémisse [1] exclut les combinaisons [γ] et [δ], c'est-à-dire celles qui contiennent le terme non-métal; la prémisse [2] exclut la combinaison [β], c'est-à-dire celle qui contient le terme non-élément. Donc la combinaison [α] seule est vraie et contient la description complète de la classe *fer* sous les conditions données par les prémisses.

Pour faire voir la fécondité du procédé, exprimons symboliquement les prémisses et les combinaisons précédentes, et convenons que le signe -|- sera le signe de l'alternative :

Prémisses :		
	$A = B,$	[1]
	$B = C.$	[2]

On demande la description complète de A. Les alternatives à considérer doivent donc contenir A :

ABC,
ABc,
AbC,
Abc,

$$A = ABC -|- ABc -|- AbC -|- Abc.$$

Les alternatives AbC et Abc sont contredites et annulées par la prémisse [1], car chacune d'elles contient b, contradictoire de B, donné comme identique à A; l'alternative ABc est contredite et éliminée par la prémisse [2], car elle contient c, contradictoire de C, donné comme identique à B, qui lui-même est identique à A par la prémisse [1]. Donc ABC est la description complète de A sous les conditions [1] et [2].

De même, nous pouvons obtenir la description de la classe c (non-élément), sous les mêmes conditions. Par la loi de dualité, c peut être développé dans les alternatives suivantes :

$$ABc$$
$$Abc$$
$$aBc$$
$$abc$$
$$c = ABc \cdot | \cdot Abc \cdot | \cdot aBc \cdot | \cdot abc.$$

Mais ABc et Abc sont en contradiction avec la prémisse B = C ; aBc est en contradiction avec la prémisse A = B ; donc abc est la description de la classe c.

On obtiendrait de la même façon la description de toute autre classe, B, C, a, b, sous les mêmes conditions.

Que le nombre des conditions données et par suite celui des alternatives possibles s'accroisse, les procédés de solution seront toujours les mêmes, et ils se ramènent, en tout cas, à des opérations uniformes de classification, de sélection et d'élimination des contradictoires. Développer, par la loi de dualité, toutes les alternatives qui peuvent exister dans la description du terme demandé par rapport aux termes contenus dans les prémisses ; éliminer toutes les alternatives qui contiennent des termes contradictoires, et mettre en équation les termes restants avec le terme en question, voilà le tout de l'inférence déductive indirecte, féconde au delà de ce que pouvaient faire concevoir les procédés limités de la logique péripatéticienne.

Ainsi, pour prendre un exemple des plus simples, soient les deux termes A et B, et les prémisses.

$$A = AB, \qquad [1]$$
$$B = BC. \qquad [2]$$

On demande ce qu'est A.

D'après la loi de dualité nous avons :

$$A = AB \cdot | \cdot Ab, \qquad [3]$$
$$A = AC \cdot | \cdot Ac. \qquad [4]$$

En substituant à A, dans le second membre de [3], la description AC ·|· Ac, qui en est donnée dans le second membre de [4], nous obtenons le développement de A, analogue à l'expansion des fonctions de Boole, mais beaucoup plus naturel et plus simple :

$$A = ABC \cdot | \cdot ABc \cdot | \cdot AbC \cdot | \cdot Abc. \qquad [5]$$

En substituant à A et à B, dans le second membre de [5], leurs équivalents fournis par les équations [1] et [2], nous avons :

$$A = ABC \cdot | \cdot ABCc \cdot | \cdot ABbC \cdot | \cdot ABbc.$$

Mais, comme Bb et Cc sont contradictoires,

$$ABCc = 0,$$
$$ABbC = 0,$$
$$ABbc = 0.$$

Donc $A = ABC.$

D'une façon générale, lorsqu'on demande la solution d'un problème logique, il faut d'abord former toutes les combinaisons possibles des termes qui y sont impliqués. Si l'on a deux termes, on aura les quatre combinaisons suivantes :

$$AB \qquad [\alpha]$$
$$Ab \qquad [\beta]$$
$$aB \qquad [\gamma]$$
$$ab, \qquad [\delta]$$

[α] et [β] étant le développement de A, [γ] et [δ] celui de a, [α] et [γ], celui de B, [β] et [δ] celui de b.

Soit maintenant la prémisse A = B. Nous voyons, par substitution, que des quatre combinaisons ci-dessus deux sont contradictoires, à savoir A*b* et *a*B, et que, par suite, deux seulement doivent être conservées, à savoir AB et *ab*. — De là les inférences suivantes :

$$A = AB,$$
$$B = AB,$$
$$a = ab,$$
$$b = ab.$$

Si la question contient un plus grand nombre de termes, la méthode à suivre, pour la résoudre, est toujours la même. Ainsi, par la loi de dualité, les trois termes ABC donnent naissance aux huit combinaisons suivantes :

$$ABC \quad [\alpha]$$
$$ABc \quad [\beta]$$
$$AbC \quad [\gamma]$$
$$Abc \quad [\delta]$$
$$aBC \quad [\varepsilon]$$
$$aBc \quad [\zeta]$$
$$abC \quad [\eta]$$
$$abc \quad [\theta]$$

Les quatre premières constituent le développement du terme A ; le développement de B est donné en $[\alpha]$ $[\beta]$ $[\varepsilon]$ $[\zeta]$; celui de C en $[\alpha]$ $[\gamma]$ $[\varepsilon]$ $[\eta]$; celui de *b* en $[\gamma]$ $[\delta]$ $[\eta]$ $[\theta]$; etc.

Cela fait, que l'on demande par exemple la signification complète des prémisses

$$A = AB \quad [1],$$
$$B = BC \quad [2];$$

nous mettrons en face de ces prémisses les huit combinaisons de A, B, C et *a*, *b*, *c* ; (γ) et (δ) sont contredites par la prémisse [1]; (β) et (ζ) par la prémisse [2]; restent donc les combinaisons

ABC,
aBC,
abC,
abc.

Il suit de là que

$$A = ABC,$$
$$c = abc,$$
$$B = ABC \cdot |\cdot a BC,$$
$$b = abC \cdot |\cdot abc\,{}^1.$$

Si les prémisses contiennent quatre, cinq, six termes distincts, nous aurons seize, trente-deux, soixante-quatre combinaisons, et ainsi de suite à l'infini. — Les séries de ces combinaisons constituent ce que M. Jevons appelle l'*abécédaire logique* [2].

VII. Voici l'abécédaire de un, de deux, de trois, de quatre et de cinq termes. Représentons par X le *summum genus*, c'est-à-dire la classe absolument universelle qui contient tous les êtres sans exception. Former la classe A et son contraire, la classe a, ce sera choisir parmi tous les êtres ceux qui possèdent et ceux qui ne possèdent pas les attributs connotés par A. Toute classe inférieure en extension au *summum genus* sera donc représentée par XA, où XAB, ou XABC, etc. Il convient donc de placer en tête de l'abécédaire le genre suprême X, et de supposer que toutes les classes inférieures sont en quelque sorte découpées dans X. On aura donc :

1. Cf. *Princ. of sci.*, B. I, ch. 6. *On the mechanical performance of logical inference.*
2. *Princ. of sci.*, B. I, ch. 6.

I	II	III	IV	V	VI
X	AX	AB	ABC	ABCD	ABcDE
	aX	Ab	ABc	ABCd	ABCDe
		aB	AbC	ABcD	ABCdE
		ab	Abc	ABcd	ABCde
			aBC	AbCD	ABcDE
			aBc	AbCd	ABcDe
			abC	AbcD	ABcdE
			abc	Abcd	ABcde
				aBCD	AbCDE
				aBCd	AbCDe
				aBcD	AbCdE
				aBcd	AbCde
				abCD	AbcDE
				abCd	AbcDe
				abcD	AbcdE
				abcd	Abcde
					aBCDE
					aBCDe
					aBCdE
					aBCde
					aBcDE
					aBcDe
					aBcdE
					aBcde
					abCDE
					abCDe
					abCdE
					abCde
					abcDE
					abcDe
					abcdE
					abcde

Pour la pratique, on aura ainsi, dressées d'avance, les tables des combinaisons de un, de deux, de trois, de quatre, de cinq termes, etc., et il suffira de les rapprocher des prémisses proposées, suivant qu'elles contiendront un, deux, trois, quatre ou cinq termes, etc., pour reconnaître, d'après les règles que nous avons exposées, les combinaisons compatibles avec ces prémisses.

VIII. On le voit par cette rapide esquisse, toute question logique, si complexe qu'elle soit, peut être résolue d'une façon en quelque sorte mécanique; le seul obstacle est la longueur du travail parfois requis. Pour le lever, M. Stanley Jevons a imaginé plusieurs moyens, dont le plus ingénieux et le plus important est la *machine logique* [1].

La machine logique est une sorte de petit piano dont le clavier comprend vingt et une touches. Les touches sont de deux espèces : seize d'entre elles représentent les termes ou les lettres A, *a*, B, *b*, C, *c*, D, *d*; huit à gauche et huit à droite de la touche du milieu, dont nous indiquerons bientôt la fonction, représentent, les premières, les termes positifs et les termes négatifs sujets, les secondes, les termes positifs et les termes négatifs prédicats. Les autres touches sont les touches d'opérations: les points, la copule et les conjonctions disjonctives de la proposition. La touche du milieu est la copule; la dernière à droite est le point; on doit la presser quand une proposition est achevée; la dernière à gauche, pressée à la fin d'un argument, sert à remettre la machine en son état primitif; l'avant-dernière de chaque côté représente la conjonction *ou*.

1. *Princ. of sci.*, B. I, ch. 6; *On the mechanical*, etc.

CLAVIER DE LA MACHINE LOGIQUE.

Fin.	Sujets									Copule.	Prédicats								Point.
	.·. ou	d	D	c	C	b	B	A	a		A	a	B	b	C	c	D	d	.·. ou	

Pour faire agir la machine, il suffit de presser successivement les touches dans l'ordre indiqué par les
lettres et les signes d'une proposition symbolique.
Soit A = AB; on presse successivement les touches :
A (sujet), copule, A (prédicat), B (prédicat) et le point.
Soit une autre prémisse, A = BC ; on presse : B (sujet),
copule, B (prédicat), C (prédicat) et le point. Alors
apparaissent, sur la surface de la machine, toutes les
combinaisons de A, B, C, a, b, c, qui sont d'accord avec
les prémisses, suivant les lois de la pensée.

La face de la machine porte un abécédaire logique
de seize combinaisons :

A	A	A	A	A	A	A	A	a	a	a	a	a	a	a	a
B	B	B	B	b	b	b	b	B	B	B	B	b	b	b	b
C	C	c	c	C	C	c	c	C	C	c	c	C	C	c	c
D	d	D	d	D	d	D	d	D	d	D	d	D	d	D	d

A la suite des opérations que nous avons décrites
plus haut, les combinaisons incompatibles avec les

prémisses disparaissent du tableau, et il n'y reste que les combinaisons suivantes, seules compatibles avec ces prémisses :

A	A							a	a			a	a	a	a
B	B							B	B			b	b	b	b
C	C							C	C		C	C	c	c
D	d							D	d		D	d	D	d

La machine nous donne ainsi la description de A, B, C, a, b, c, sous les conditions posées par les prémisses A $=$ AB, B $=$ BC, et les conclusions qui en dérivent, par exemple que A est toujours C, que non-C est non-B et non-A, que non-B est non-A, et C ou non-C, C $\cdot|\cdot$ c.

La façon de traiter les propositions disjonctives est exactement la même. Soient, par exemple, les prémisses

$$A = AB \cdot|\cdot Ab,$$
$$B \cdot|\cdot b = BD \cdot|\cdot CD.$$

Il faut presser successivement les touches : A (sujet), copule, A (prédicat), B (prédicat), conjonction, A, b (prédicats), le point, B (sujet), conjonction, b (sujet), copule, B et D (prédicats), conjonction, C et D (prédicats) et le point; les combinaisons de A, B, C, D et a, b, c, d, incompatibles avec les prémisses disparaissent, et il reste :

ABCD,

ABcD,

AbCD,

aBCD,

aBcD,

abCD,

abcD,

abcd.

On le voit, cette machine, dont nous n'avons pas à décrire ici le mécanisme intérieur [1], est comme la réalisation matérielle du corps entier de la logique par substitution. Étant données certaines prémisses, elle classe, choisit et rejette les combinaisons des termes, comme le ferait un esprit pensant ; l'exactitude automatique des résultats qu'elle donne est une preuve de la vérité du système qu'elle applique.

IX. L'induction est l'opération inverse de la déduction, et, comme tout procédé inverse, elle est beaucoup plus complexe que l'opération directe à laquelle elle correspond. On la définit, d'ordinaire, le procédé de raisonnement par lequel l'esprit passe de la connaissance des faits à la connaissance des lois qui les régissent, ou du particulier au général. Cette définition, exacte s'il s'agit de l'induction matérielle, est insuffisante dès qu'il s'agit de l'induction formelle, c'est-à-dire de l'induction considérée abstraction faite de toute matière spéciale [2].

La déduction logique, en toute son étendue, consiste à tirer d'une ou de plusieurs lois toutes les combinaisons qui peuvent exister sous les conditions énon-

---

1. V. *On the mechanical performance.*
2. Cf. *Princ. of sci.*, B. I, ch. 7 ; *On the inverse, or inductive logical problem.*

cées par ces lois. Ainsi la loi que tous les métaux sont conducteurs de l'électricité signifie réellement que dans la nature nous trouvons trois classes d'objets : 1° les métaux conducteurs; 2° les conducteurs non-métaux ; 3° les non-métaux non-conducteurs. Une quatrième classe, celle des métaux non-conducteurs, est écartée par la loi, comme contenant des termes contradictoires.

L'induction formelle, au rebours de la déduction, consiste, étant données certaines classes d'objets, à déterminer les lois qu'elles impliquent, ou mieux encore, étant données certaines combinaisons de termes, à déterminer les propositions générales qui en énoncent les conditions. Si par exemple on donne les deux termes A et B, et les combinaisons AB, aB, Ab, ab, qui peuvent résulter de l'union de ces deux termes et de leurs négatifs, l'induction aura à trouver les lois qui régissent les combinaisons de A, de B, de a et de b.

On a vu plus haut qu'une loi exclut de l'existence, comme contradictoires, certaines combinaisons des choses ou des termes régis par cette loi. C'est ainsi que la loi : *les métaux sont conducteurs*, s'oppose à l'existence de métaux non-conducteurs. Il suit de là que, pour un nombre fini de choses ou de termes, le nombre des lois possibles auxquelles ces choses ou ces termes peuvent être soumis doit être fini. Il faut donc d'abord déterminer le nombre des lois qui peuvent régir les combinaisons de termes donnés.

Conformément aux lois de la pensée, les deux termes A et B et leurs contraires a, b peuvent être présents ou absents dans les quatre combinaisons suivantes :

$$AB, Ab, aB, ab.$$

Puisque chacune des lois possibles relatives à ces

combinaisons doit exclure de l'existence une ou plusieurs d'entre elles, le nombre n'en saurait dépasser celui des cas extrêmes où toutes ces combinaisons sont présentes ou absentes, et des cas intermédiaires où l'une ou plusieurs d'entre elles sont présentes ou absentes. Dressons-en la liste :

1er cas :	AB, Ab, aB, ab	sont absents.
2e cas :	ab	seul est présent.
3e cas :	aB	seul est présent.
4e cas :	aB, ab	sont présents.
5e cas :	Ab	seul est présent.
6e cas :	Ab, ab	sont présents.
7e cas :	Ab, aB	sont présents.
8e cas :	Ab, aB, ab	sont présents.
9e cas :	AB	seul est présent.
10e cas :	AB, ab	sont présents.
11e cas :	AB, aB	sont présents.
12e cas :	AB, aB, ab	sont présents.
13e cas :	AB, Ab	sont présents.
14e cas :	AB, Ab, ab	sont présents.
15e cas :	AB, Ab, aB	sont présents.
16e cas :	AB, Ab, aB, ab	sont présents.

Chacun de ces cas est l'énoncé d'une ou de plusieurs lois ; le dixième, par exemple, signifie que tout A est B, et que tout non-A est non-B, et ainsi des autres.

Il s'agit maintenant de savoir lesquels de ces cas sont formellement vrais. Neuf d'entre eux, le premier, le deuxième, le troisième, le quatrième, le cinquième, le sixième, le neuvième, le onzième et le treizième, doivent être écartés une fois pour toutes. Un des termes donnés, ou son négatif, en est absent, et l'on sait que l'absence d'un terme positif ou du terme négatif correspondant dans une combinaison, est la

marque de quelque contradiction dans les conditions
de la combinaison. Ainsi les deux conditions A est B
et A est non-B, qui sont contradictoires, auraient pour
résultat d'interdire toute combinaison de A avec B.
Nous avons donc à nous préoccuper uniquement des
cas où A et B, a et b sont présents. Ils sont au nombre
de sept : quatre d'entre eux, le huitième, le douzième,
le quinzième, le quatorzième du tableau précédent,
offrent trois combinaisons; deux, le septième et le
dixième, en présentent deux; un seul enfin, le seizième,
en présente quatre.

Considérons d'abord les quatre premiers. On sait
qu'une proposition de la forme $A = AB$ interdit la combinaison Ab, b étant la négation de B, qui par $A = AB$
est identifié avec A. C'est le cas du dixième groupe, où
ne se rencontre pas la combinaison Ab.

Mais la proposition $A = AB$ peut, par l'interversion
des termes, ou la substitution aux termes positifs des
termes négatifs correspondants, recevoir huit expressions différentes :

$$A = AB, \quad A = Ab. \quad a = aB, \quad a = ab$$
$$b = ab, \quad B = aB, \quad b = Ab, \quad B = AB,$$

qui, prises par paires, suivant la disposition ci-dessus,
sont les contrapositives l'une de l'autre, et par conséquent équivalentes deux à deux. Par conséquent,
bien que la proposition $A = AB$ puisse revêtir huit
formes différentes, quatre d'entre elles seulement ont
des sens logiquement indépendants; ce sont :

$$A = AB,$$
$$A = Ab,$$
$$a = aB,$$
$$a = ab.$$

En se référant au tableau précédent, ces quatre propositions nous donnent les combinaisons respectivement contenues dans les groupes 12, 8, 15 et 14. Ces groupes de combinaisons sont ainsi ramenés à leur loi propre.

Unissons maintenant ces quatre propositions deux à deux ; nous verrons qu'elles se contredisent le plus souvent l'une l'autre ; ainsi $A = AB$ contredit $A = Ab$. Deux couples seulement donnent des résultats non-contradictoires. Ce sont :

$$A = AB,$$
$$a = ab$$

et

$$A = Ab,$$
$$a = aB.$$

La première de ces couples donne les combinaisons du groupe 10, et la seconde celles du groupe 7. Ces deux groupes sont donc ramenés à leurs lois respectives $A = AB$, $A = Ab$.

Reste le seizième cas, contenant quatre combinaisons. Mais, par cela même que toutes les combinaisons de A, de B, de a et de b y sont présentes, elles ne sont soumises à aucune autre loi que les lois de la pensée.

Ainsi deux termes peuvent se montrer seulement dans sept séries de combinaisons auxquelles correspondent les lois suivantes :

Pour AB, aB, ab,	$A = AB$	ou $b = ab$;
Pour Ab, aB, ab	$A = Ab$	ou $B = aB$;
Pour AB, Ab, aB,	$a = aB$	ou $b = Ab$;
Pour AB, Ab, ab	$a = ab$	ou $B = AB$;
Pour AB, ab	$A = B$	ou $a = b$;
Pour Ab, aB	$A = b$	ou $a = B$;
Pour AB, Ab, aB, ab,	pas de loi.	

On voit par là que toute relation logique entre deux termes peut être exprimée dans une proposition de la forme A = AB ou A = B, c'est-à-dire sous forme d'identité partielle ou d'identité simple.

Il suffit de cet exemple, le plus simple de tous, pour faire voir combien est complexe et abstrait le procédé inverse de la déduction. Avec le nombre des termes engagés dans la question, les difficultés s'accroissent, au point de devenir promptement insurmontables. Ainsi, pour trois termes, le nombre des séries à traiter est de 256 ; pour quatre termes, il est de 65,596 ; pour cinq termes, de 4,294,967,296 ; pour six termes, de 18,446,744,073,709,551,616. L'induction formelle est donc, sauf pour les cas extrêmement simples, un procédé impraticable.

Ici finit l'exposition, objet de ce travail. On a pu voir la filiation des divers systèmes issus du principe de la quantification de prédicat, et le progrès en extension et en simplicité qu'ils réalisent l'un sur l'autre. Ici devrait commencer la critique ; c'est une œuvre de plus longue haleine et de plus haute difficulté, que nous devons ajourner.

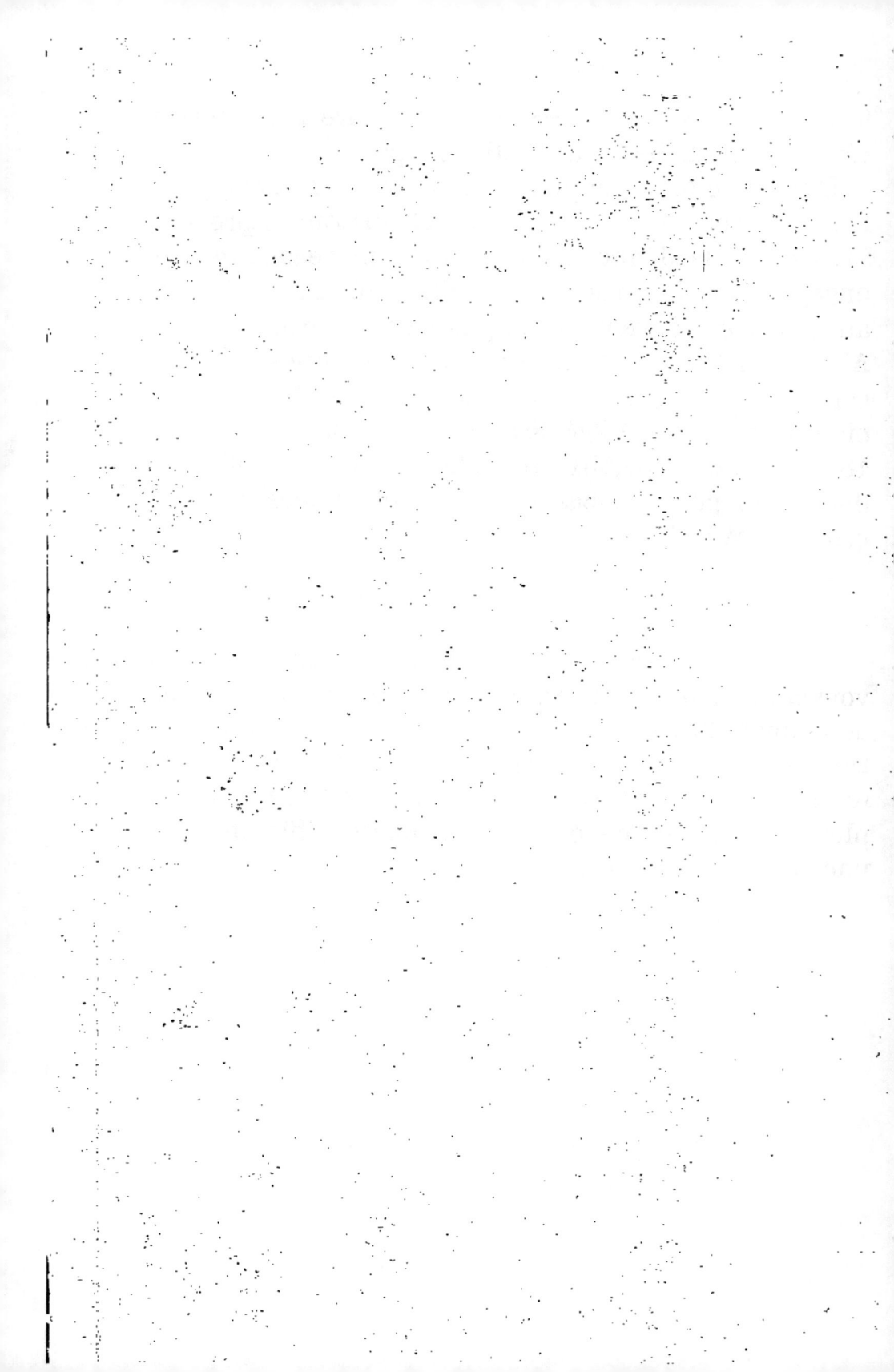

TABLE DES MATIÈRES

Coulommiers. — Typ. A. PONSOT et P. BRODARD.